OORLOG LANGS DE LIJN

Grafische vormgeving omslag en
binnenwerk: Studio Ron van Roon
Drukwerk: Wilco Amersfoort

ISBN: 978 90 8184 178 8

Kolsloot Publishing

info@kpublishing.nl
www.kpublishing.nl

https://twitter.com/oorloglangslijn
https://twitter.com/wesleymeijer

Wesley Meijer

OORLOG LANGS DE LIJN

Hoe de dood van een grensrechter de verloedering van een volkssport markeerde

KOLSLOOT PUBLISHING

Inhoud

Inleiding

'Klootzak.'

'Hé joh, eikel.'

'Lul.'

'Tyfuslijer.'

Ik schrok me rot. De scheldpartijen in mijn richting waren niet van de lucht. Ik draaide me om en zag volwassen kerels op de tribune hevige wegwerpgebaren maken. Het leek wel of het stoom uit hun oren kwam. Ik had zojuist uit frustratie om een scheidsrechterlijke beslissing 'godverdomme' gezegd en dat blijkbaar iets te luid gedaan. Dat viel hier niet goed. Ik stond op het hoofdveld van de plaatselijke voetbalclub in Putten en er waren zo'n 600 toeschouwers van wie het merendeel mijn hoofd eraf wilde. Althans zo voelde het. Dat ze in Putten een hele hoop kerken hadden, niet op zondag voetbalden, maar des te fanatieker waren op zaterdag, nee, daar had ik niet bij stilgestaan. Eerlijk gezegd was ik er niet eens van op de hoogte. Ik zat nog op de middelbare school. Putten ligt in een concentratie van gelovige dorpen op de Veluwe, een gebied dat om die reden tot de 'Bible Belt' van Nederland wordt gerekend. Daar kwam ik later dus pas achter.

De wedstrijd duurde nog maar een kwartier en ik mocht invallen. SDC Putten-vv AmstelveenHeemraad, een wedstrijd in de eerste klasse op zaterdag. De invalbeurt betekende mijn debuut in het eerste van mijn cluppie. Ik was 18 jaar en wist eigenlijk niks van prestatievoetbal. De eerste klasse bij de senioren was destijds het tweede amateurniveau. Amstelveen was het jaar daarvoor gepromoveerd, SDC Putten was een club die altijd streed om promotie naar de hoofdklasse of in die klasse speelde. Er werd flink betaald op de Veluwe. De concurrentie was er moordend met clubs als DVS'33, SDV Barneveld en VVOG in de buurt. Misschien verklaarde dat deels het fanatisme van de supporters. Ze willen heel graag dat hun team wint. Misschien betaalden zij met hun sponsorgeld wel de rechtsback, of de spits.

De wedstrijd verliep met een 3-0 voorsprong precies zoals de Puttenaren het wilden. Daar dachten ze bij het zien van mijn spel en gedrag anders over. Vlak nadat ik was ingevallen, maakte ik een harde overtreding waarvoor ik geel kreeg. Zo'n sliding, waarbij de benen als kapmessen knippen. Niet lang daarna kwam mijn 'gevloek in de kerk' en de woede die erop volgde. Het rumoer was enorm. Ik besloot me maar koest te houden. Honderden woedende Puttenaren waren toch wat veel. Waren ze op de Veluwe niet zo blij met mijn gedrag, dat van hun was ook niet fraai. Voordat ik uit mijn dak ging, hadden mijn ploeggenoten al alle denkbare ziektes naar hun hoofd geslingerd gekregen. De ziektes die met k of t beginnen. Vaak met een 'lul' of 'lijer' erachteraan. Maar dat vonden ze in Putten blijkbaar doodnormaal.

Het was niet mijn eerste ervaring met verbale en fysieke agressie. In de jeugdwedstrijden die ik speelde, waren er geregeld knokpartijen. Veel weet ik er niet meer van. Vaak hield ik me afzijdig en het is ook al een tijd geleden. Ik ben niet zo'n knokker, maar ik weet dat aan die opstootjes teammaten meededen die nu nog mijn vrienden zijn. Ik herinner me ook de ouders die langs de lijn stonden te blèren. Ook in mijn jaren in het eerste elftal waren er schermutselingen, al zijn die op een hand te tellen. Greep ik in? Ja, ik trok mensen weg, maar ook niet altijd. Achteraf vraag ik me af waarom niet. Het antwoord weet ik eerlijk gezegd niet en dat op zich is al best confronterend. Ik ben onderdeel van een sportcultuur waarin mensen elkaar niet aanspreken op agressie of waar dat aanspreken niet genoeg is om het probleem in te dammen. De matpartijtjes zijn er elke week. Massale klopjachten zijn mij en de teams waarin ik speelde gelukkig bespaard gebleven. Aan onbehoorlijk gedrag kon en kan ik me wel ergeren. Medespelers die na een verliespartij zonder de scheidsrechter te bedanken van het veld lopen, roep ik terug. Verliezen is vervelend, maar laten we wel fatsoenlijk blijven naar de scheidsrechter, die zijn best doet een wedstrijd tussen twee teams in goede banen te leiden. Tot zover mijn vrome gedrag: ik heb ook menig grensrechter verbaal het leven zuur gemaakt als ik het niet eens was met een vlagsignaal. En ook op mijn mat valt bijna elk seizoen wel een brief van de KNVB met een schorsing. Een enkele rode kaart voor een grove overtreding, maar vooral gele kaarten. En die kreeg ik dan met name omdat ik mijn mond niet kon houden.

Dat kon ook de 77-jarige Louis Retz niet. Retz was in 2011 toeschouwer bij de burenclash tussen Sporting Noord en OSV in Amsterdam. Als hij roept dat hij de gele kaart voor een speler van de tegenpartij terecht vond, slaan bij de speler van Sporting Noord, Silvester M., de stoppen door. M. neemt een aanloop, springt over de reclameborden en werkt met een karatetrap Retz tegen de grond. Die scheurt zijn milt en overlijdt vier weken later aan de verwondingen. Op de redactie van *Het Parool* krijgen we bericht van het incident. Nu is het nabellen van incidenten of gestaakte wedstrijden niet de favoriete bezigheid van menig sportjournalist, maar voor *Het Parool* is het uiteraard nieuws.

Silvester is een speler voor wie zijn voormalige trainer zijn hand in het vuur zou steken. Een goede jongen van wie je zoiets niet verwacht. Is er mot in het veld, dan is het juist Silvester die komt aanrennen om de boel te sussen. Dat is nodig in een team met opgewonden standjes. Maar tijdens die wedstrijd tegen OSV, de buren op hetzelfde sportpark in Amsterdam-Noord, is het juist Silvester die uit z'n dak gaat. Van de vier laatst gespeelde derby's zijn er drie gestaakt of onderbroken. Silvester blijkt eerder aan kickboksen te hebben gedaan, maar in de rechtszaal loopt een wat tengere jongen naar zijn plek. Hij heeft zijn ogen schuldbewust naar de grond gericht. De ellende en de spijt druipen er vanaf. Wat hem heeft bezield, kan hij zelf ook niet vertellen. De rechtbank veroordeelt hem tot een celstraf van drie jaar voor zware mishandeling met de dood tot gevolg. De voorzitter van de rechtbank spreekt van 'grof en excessief geweld. Geweld, ook tijdens sportwedstrijden, veroorzaakt veel beroering en draagt bij aan gevoelens van onrust en onveiligheid in de maatschappij.' Zou zoiets mij ook kunnen overkomen? Bij dit incident lijkt het erop dat de dader een waas voor zijn ogen kreeg en buiten zichzelf trad. Met dat gegeven in het achterhoofd vraag ik me af of de door de rechter opgelegde straf indruk maakt op amateurvoetballend Nederland. Ik raak in elk geval steeds meer geïnteresseerd in de agressie op de velden en wil er meer vanaf weten.

De straf voor M. moet dienen als waarschuwend signaal naar de samenleving. Maar dat signaal lijkt niet iedereen te bereiken. Drie dagen na de uitspraak op 29 november 2012 gaat het ook mis op een veld in Almere. Grensrechter Richard Nieuwenhuizen overlijdt een dag later, nadat hij is geschopt terwijl hij op de grond lag. De impact blijkt vele malen groter dan bij het incident in Amsterdam. 'We' willen het niet meer. Het geweld, de agressie, de molestaties, de vechtpartijen. Het voetbal ligt een weekend stil, waarin de leden van de KNVB zich bezinnen. 'Let maar op, volgende week is het weer raak', zeggen de sceptici. Ze krijgen gelijk. De korte lontjes zijn net zo snel terug als dat ze die bezinningsweken waren vertrokken. Op de redactie van *Het Parool* was de kans die periode groter dat je op zondagavond bestuurders moest bellen dan spelers en trainers. De verslagen gingen niet langer over schoten in de kruising, maar trappen in het kruis. Een kopstoot was niet langer een ferme knik tegen de bal, maar een rake uithaal met het hoofd tegen dat van een ander. Onze artikelen verschenen niet meer achterin de krant op de sportpagina's, maar voorin tussen al het 'harde' nieuws. Voetbal bleek niet langer leuk. Het maakte mij nieuwsgierig naar al dat geweld. Waarom maken we van een sport die we allemaal fantastisch vinden soms een nachtmerrie? Wat zit er achter al die agressie? Na het schrijven van meerdere artikelen besefte ik dat er meer nodig was om het probleem van geweld op het veld te onderzoeken. Ik dook in archieven en zag dat het van alle tijden was. Viel er dan niets tegen te doen? Om antwoord op die vraag te vinden, was een uitgebreide zoektocht nodig langs clubs, wetenschappers, KNVB, trainers en bestuurders. De bevindingen van die zoektocht leest u in dit boek.

Wesley Meijer
September 2013
Amsterdam

DIEPTEPUNT

1

Zondagmiddag 2 december 2012: Richard Nieuwenhuizen, een enthousiaste voetbalvader, arriveert op sportpark Polderkwartier in zijn woonplaats Almere. Hij gaat kijken bij een wedstrijd van de B2 van zijn club Buitenboys. Als de wedstrijd al even bezig is, zakt hij plotseling in elkaar. Omstanders raken in paniek en roepen de aanwezige fysiotherapeut. Ze leggen hem in stabiele houding op zijn zij en bellen de ambulance. Die arriveert binnen acht minuten en de 41-jarige voetbalvader wordt naar het Flevoziekenhuis in Almere gebracht. De omstanders vragen zich vertwijfeld af of dit misschien komt door de schoppen die hij in het begin van de middag kreeg. Toen ontaardde de wedstrijd van zijn jongste zoon Mykel tegen het Amsterdamse Nieuw Sloten in een ordinaire schopppartij. Nieuwenhuizen trad op als grensrechter en kreeg klappen toen hij op de grond lag. Hij stond op en viel even later weer. Hij werd geschopt. Toen de gemoederen bedaard waren, ging hij naar huis. Even liggen. Op het veld bij Buitenboys slaat de vertwijfeling toe: het ging ondanks de schoppen toch goed met Richard? Er was toch niks aan hem te zien? De aanwezigen zien de ambulance wegrijden. Waar zij op dat moment nog helemaal niet over nadenken, gebeurt toch. Nieuwenhuizen overlijdt een dag later, hét absolute dieptepunt in de geschiedenis van het Nederlandse amateurvoetbal.

'EEN SCHEIDSRECHTER DEUGT NOOIT, WEL?'

2

Vijftien kilo patat, dertig broodjes kroket en vijftig broodjes frikadel: die gaan er gemiddeld per weekend in een Nederlandse voetbalkantine doorheen. En wat te denken van het bier, de flesjes fris en zakjes snoep? 'Voetbalclubs zijn tegenwoordig het grootste gezinsvervangende tehuis van Nederland,' zei toenmalig directeur amateurvoetbal Ruud Bruijnis van de Koninklijke Nederlandse Voetbalbond (KNVB) in 2007. Het amateurvoetbal is het grootste figuurlijke clubhuis. Niet zo moeilijk voor te stellen met een gemiddelde van 33.000 wedstrijden per weekend en meer dan 1,2 miljoen voetballers.

Maar de familiaire, gemoedelijke sfeer lijkt te verdwijnen. De campingstoel en het biertje langs de kalklijnen maken gedwongen plaats voor een plastic bekertje fris achter het hek van een veld met kunstsprieten. Excessen veranderen de sfeer. We stappen thuis met een gebroken been over de drempel in plaats van met de tas over de schouder en een voldaan gevoel na een lekker potje ballen. Is het amateurvoetbal de plek geworden waar een sociale oorlog wordt gestreden?

Amateurvoetbal in Nederland. Volksstammen worden geboren nadat papa en mama elkaar bij het voetbal hebben ontmoet. Het wiegje in het ballenhok, zoon die later langs de lijn achter zijn eigen bal aanholt, terwijl papa in het veld staat. Ome Jan die de ballen oppompt. Zijn vrouw Tante Riet die in de keuken staat. Elke club heeft ze. Balletje gehakt. Potje bier. Harde ballen. Streep in de kruising. Pupil van de week. Toernooivoetbal. Bekers aan de muur. Binnenkant paal. Ereleden en leden van verdienste. Kleedkamer negen. Aarde tussen de noppen.

Wekelijks vermaken zich om precies te zijn liefst 1.209.413 Nederlanders op de voetbalvelden. Dat aantal telde het ledenbestand van de KNVB in 2012, met meidenvoetbal als sterkst stijgende component. Meer dan een op de tien van het totale aantal KNVB-leden is inmiddels vrouw. Voetbal is onverminderd populair, elk jaar stijgt het aantal KNVB-leden. Telde Nederland in 1891 twaalf voetbalverenigingen, in 1951 waren dat er 3099 en anno 2013 zijn dat er 3229. Enerzijds vertoont de stijgende lijn van het aantal verenigingen allang niet meer zo'n steile hoek als in de beginde-cennia van de vorige eeuw. Kleine clubjes verdwijnen en bestaande ver-enigingen worden groter. Vroeger was het runnen van een vereniging een familiegebeuren en kende 'iedereen' elkaar op de club, nu lijkt het wel of voetballers jaarlijks van vereniging wisselen. Clubliefde is niet meer vanzelfsprekend. Anderzijds tonen clubs als Quick'20 uit Olden-zaal en DSO uit Zoetermeer, die richting de 2.000 leden gaan, juist aan dat bepaalde verenigingen zeer geliefd zijn. Of neem andere uitschieters als het Almeerse Waterwijk, bijna 1300 jeugdleden, en sc Buitenveldert uit Amsterdam met bijna 400 vrouwelijke voetballers.

Het verenigingsleven zit diep geworteld in de Nederlandse samenleving. Een eeuw geleden gingen leden van een vereniging, meestal jongeren, met de pet rond om een nieuwe bal (het bruine monster) te kopen. Club-huizen waren er nog niet altijd. Kampioenschappen werden gevierd in een café in de wijk van de club, waar zelfs de voorzitters van rivalen heen kwamen om hun felicitaties over te brengen. Voetbal was overgewaaid uit Engeland, dus de scheidsrechter was de 'referee' en wedstrijden spe-len heette 'matchen'. Het waren vooral jongens uit de beter gesitueerde kringen die voetbalden. Ondanks dat ging het er ruw aan toe, het rivaliteitselement zorgde vanaf het vroegste begin voor problemen. In Italië, Frankrijk en Engeland, waar tijdens kerkelijke feesten werd gevoetbald, betekende een zege dat de overwinnaars 's avonds mochten dansen en de verliezers slechts mochten toezien.

Die competitie zorgde ervoor dat de eerste incidenten niet lang op zich lieten wachten. 'Vooral in de gedenkboeken van de oudste Nederlandse verenigingen,' zo is te lezen in *Voetbal in Nederland: maatschappelijke en sportieve aspecten* uit 1955, 'treft men herhaaldelijk verzuchtingen aan over de grote mate van onsportiviteit, die de beoefening van de voetbalsport in je jaren na 1900 bij lange niet altijd tot een genoegen maakt. Daaraan wordt veelal de bewering vastgeknoopt, dat het vroeger, d.w.z. vóór 1900, dan toch maar veel prettiger, amicaler en sportiever toeging.' Vroeger was alles dus beter, zoals men ook nu vaak zegt, maar dat zeiden ze vroeger ook, dus hoe goed was het vroeger wel niet?

Dat viel dus wel mee. Al in het seizoen 1891/1892, zo meldt *Voetbal in Nederland*, verliet V.V.A. uit Amsterdam het veld na een geschil met de referee. De wedstrijd was nog niet uitgespeeld. Voor het einde van de negentiende eeuw zag het bestuur van de Nederlandse Voetbalbond zich meermaals genoodzaakt complete vergaderingen aan beledigingen van scheidsrechters te wijden. Tuchtorganen waren er nog niet, maar de vergaderingen bleken de opmaat om de incidenten te bestraffen.

In de eerste decennia van de twintigste eeuw ontdekte ook de werkende klasse de rollende bal. Na een week van hard werken, volgde in het weekend de ontlading. Voetbal bracht ontspanning en het aantal beoefenaars steeg explosief. Het voetbal werd langzamerhand een volkssport en daarbij kon het er grimmig aan toe gaan, zo valt op te maken uit de archieven. In 1928 bijvoorbeeld ging het tussen Steeds Moedig Voorwaarts en The Rising Hope flink mis. Een van de spelers zou na afloop van de wedstrijd de scheidsrechter hebben mishandeld, omdat die 'volgens zijn zeggen niet deugde', schreef het *Rotterdams Nieuwsblad* dat jaar. De verdachte moest voorkomen. Politierechter Mr. De Visser stond voor de taak in al zijn onwetendheid een oordeel te vellen. 'Ik heb er zoo niet veel verstand van, maar mijn meening is, dat een scheidsrechter nooit deugt, wel?' Verdachte moest dertig gulden boete betalen en vijftien dagen de cel in. Een jaar eerder hoorde een voetballer van Go Ahead volgens *Sumatra Post* een straf eisen van tien gulden voor het in de rug stompen van een tegenstander van Z.A.C.. In 1941 was er meer aan de hand: 'Voetbaldrama te Noordwijk' kopte het *Leidsch Dagblad* over de mishandeling van de arbiter bij de wedstrijd S.J.C.-A.S.C.. 'S.J.C. vertoonde een spel, dat in ieder opzicht van het gebruikelijke voetbal afwijkt,' schreef de krant. 'Het is van het begin tot het einde een aaneenschakeling geworden van volkomen ontoelaatbaar spel. Haken, natrappen, doortrappen, wanneer een rood-zwarte speler op den grond lag, waren aan den orde van den dag. Het was dan ook voor scheidsrechter Wassenburg, die bij herhaling heeft bewezen zijn vak te verstaan, absoluut ondoenlijk dezen wedstrijd te leiden'. Twee Noordwijkers kregen rood, waarna de S.J.C.'ers de leidsman in de kleedkamer te lijf gingen. Ook spelers van A.S.C. werden aangevallen. Zij liepen na de wedstrijd onder begeleiding van de politie naar de tram.

Ook in modernere tijden werden rake klappen uitgedeeld. Drie voetballers van het Heterense SDOO kregen in 1964 schorsingen van twintig, vijftien en twintig jaar door de tuchtcommissie van de KNVB. Tegenstander SCE kreeg een strafschop en toen sloegen de stoppen door in de Nijmeegse hoofdklassewedstrijd. De drie mishandelden de scheidsrechter. De grens van SDOO mocht nooit meer vlaggen en de aanvoerder nooit meer captain zijn. SDOO werd uit de competitie genomen. De spelers van SDOO werden door het *Nieuwsblad van het Noorden* beschreven als 'voetbal-belhamels'. Ook in de *Nieuwe Rotterdamsche Courant* in 1922 werd met enige luchtigheid geschreven over het voetbalgeweld: 'Het zou geen voetbal Zondag zijn, die af is, waren er niet enkele relletjes gebeurd. Wij zijn nu eenmaal zoo gewend aan de bloedneuzen, dat wij ons niet meer verwonderen over feiten, zooals die hieronder vermeld worden', waarna een opsomming van enkele 'bewerkingen' van scheidsrechters volgt. Verschillende kranten, zoals het *Leeuwarder Nieuwsblad* en het *Rotterdamsch Nieuwsblad*, begeleiden dergelijke berichten in de eerste decennia van de vorige eeuw met de kop of onderkop 'Voetbalvlegels'.

Het geweld werd als niet al te ernstig weggezet en we moesten vooral niet al te veel opkijken van al die incidenten leek de onderliggende boodschap. Maar het voetbalgeweld nam langzamerhand grotere vormen aan. Onderzoek in een aantal databases, onder meer die van kranten en rechtspraak.nl, levert een ellenlange lijst op van minder tot zeer ernstige incidenten op de voetbalvelden. De omvang van het probleem wordt met dat overzicht pas echt duidelijk. Gezocht is naar mishandelingen, molestaties, vechtpartijen en andere excessen van het begin van het voetbal tot het begin van dit seizoen, 2013/2014. Daarbij zijn tot de jaren tachtig enkele voorvallen per decennium ter illustratie meegenomen. Voor de laatste decennia is geprobeerd zo veel mogelijk volledigheid te geven van gepubliceerde incidenten. Dit overzicht is echter zo lang dat is afgezien van plaatsing op deze plek. Het is achterin dit boek te zien.

Uit die incidentenlijst blijkt dat agressie tussen de lijnen diverse vormen kent: van een 'doodgewone' schop uit frustratie tot kolossale klopjachten op spelers, supporters of scheidsrechters. In sommige gevallen bleek voetbal letterlijk oorlog. Het adagium van wijlen Rinus Michels, een van 's lands meest succesvolle coaches, leeft ruim veertig jaar na het doen van de uitspraak als nooit tevoren. Volgens Michels, die zelf de toepasselijke bijnaam De Generaal kreeg, moest een speler transformeren van een weldenkend mens naar een primitief wezen. Hij moet vergeten wie hij is en wat hij doet. Wie te netjes blijft, zal worden overlopen. Agressie is nodig om te overwinnen. De voetballer is als een frontsoldaat en onze menselijke eigenschappen moeten we loslaten zodra we op het veld staan. Michels sprak weliswaar over voetbal in de top, maar toch.

Voetbal ís oorlog, ten voeten uit zelfs: het is opwindend, prikkelend, agressief, competitief, prestatief en de deelnemers zijn egoïstisch, altruïstisch, overmoedig, dominant, optimistisch, zelfverzekerd, zelfoverschattend, actief, energiek en moeten risico's nemen, vechten. We strijden om de eer – en niet alleen de eer – daarvoor hebben we prestatiedrang, wilskracht en doorzettingsvermogen nodig. Bloed, zweet en tranen leiden tot de zege.

Voetbal is immers een contactsport, een wedstrijd een gevecht, maar soms slaat het fysieke aspect door in geweld. Uit de incidentenlijst valt echter op te merken dat agressie lang niet altijd tegen de tegenstander is gericht. Het overgrote deel van het geweld is tegen de scheidsrechter. Verder valt te concluderen dat het overal gebeurt: van Amsterdam tot Tytsjerksteradiel. De lijst laat ook zien dat iedereen schuldig is aan ongeregeldheden op de velden: mannen, vrouwen, Marokkanen, Turken, boeren, autochtonen, jongeren, Brabanders, stedelingen, Groningers, veertigers, Surinamers, ga zo maar door. Met dat gegeven is direct een van de grootste succesfactoren van het Nederlandse amateurvoetbal te verklaren. Voetbal is voor iedereen. De sport is vergeleken met andere sporten niet al te duur en iedereen kan lid worden van een club. Voor mensen met een smalle portemonnee bestaan er subsidies waardoor hun kinderen toch kunnen sporten. Het clubhuis is daardoor de sociale ontmoetingsplek van half Nederland: de voetbalkantine is huiskamer, keuken, buurthuis, pleintje, tunneltje, straathoek en café ineen. Soms verhuizen de problemen letterlijk mee van huis naar het voetbalveld. De laatste seizoenen zijn er 500 excessen (buitensporig fysiek en of verbaal geweld), ontvangen ruim 200.000 spelers de gele kaart en bijna 20.000 de rode, staat in het jaarverslag 2012 van de KNVB. Dat waren er tien jaar geleden ruim 173.000 en 18.000. De verschillende tuchtorganen van de KNVB delen bijna 1.500 verenigingsstraffen uit en meer dan 2.000 keer wordt een duel gestaakt door wanordelijkheden. Gaat het amateurvoetbal ten onder aan zijn eigen zorgvuldig opgebouwde succes?

Eerst maar eens onderzoeken hoe het geweld precies in elkaar steekt. Hoe vaak komt het voor? Zeggen die cijfers alles over de sfeer op de Nederlandse sportvelden? Hoe is de beeldvorming ten aanzien van het voetbal? Volgens het Sociaal en Cultureel Planbureau (SCP) wordt bij 2,4 op de 10.000 amateurvoetbalwedstrijden molestaties van scheidsrechters geregistreerd, wat neerkomt op zeven wedstrijden per weekend met molestaties. Dat was in het midden van het vorige decennium. In hetzelfde rapport *Een gele kaart voor de sport* uit 2007 gaf van alle sporters meer dan een op de tien aan de afgelopen drie jaar getuige te zijn geweest van fysieke agressie in de sport. Het SCP stelde vast dat een op de acht scheidsrechters zich weleens onveilig voelde tijdens het fluiten van een sportwedstrijd. Dat aantal ligt bij het voetbal hoger. Uit het onderzoek *Geweld gericht tegen de scheidsrechter* van Stichting STO[M]P uit 2006 onder 375 arbiters bleek dat meer dan een op de tien te zijn. Van hen had bijna iedereen weleens agressief gedrag tijdens een wedstrijd meegemaakt.

Uit een ander onderzoek van het SCP, *Weinig over de schreef* uit 2008, blijkt dat een op de vijf Nederlanders van 12 jaar of ouder slachtoffer of getuige is geweest van onwenselijk gedrag in de sport. Onder onwenselijk gedrag verstaat het SCP diefstal, vandalisme, bedreiging, lichamelijk en verbaal geweld, discriminatie (sekse, religie, cultuur, homoseksualiteit) en overlast (rook, alcohol of geluid). Daarvan was ruim een op de tien zelf slachtoffer, wat neerkomt op 2 procent van de Nederlandse bevolking. Dat waren in 2008 grof geteld ruim 300.000 mensen. Oftewel, als een sportteam uit vijftien spelers bestaat, waren in 2008 alle spelers van minstens 20.000 teams eens slachtoffer geweest van onwenselijk gedrag. Ter vergelijking: onwenselijk gedrag in de maatschappij werd door acht op de tien waargenomen. Het rapport *Weinig over de schreef* staat bol van dat soort verontrustende feiten. Van alle sporters maken voetballers 't het meest bont. Zij maken veel vaker onwenselijk gedrag in de sport (43 procent) mee dan andere teamsporters (29 procent) en niet-teamsporters (zoals solo- en duosporters, 19 procent). Het gaat vooral om lichamelijk en verbaal geweld en discriminatie.

Hoe zit het dan met de beeldvorming? Wat is de mening over de sfeer op de velden en hoe beleven mensen die? Het Mulier Instituut voerde eenzelfde soort onderzoek in 2011 nog eens uit en verwerkte de resultaten in het rapport *Minder klappen, meer applaus*. In 2007 denkt driekwart van de 2.357 respondenten dat onwenselijk gedrag in de amateursport (heel) veel voorkomt. Dat is in 2011 opgelopen tot ruim acht van de tien. Bijna tweederde is er in 2007 van overtuigd dat de laatste jaren sprake is van grovere en hardere agressie in de amateursport. In 2011 is dat bijna driekwart. Bijna de helft vindt in 2007 dat agressie vooral een probleem van het voetbal is. In 2011 vinden bijna zes op de tien mensen dat. Agressie in de maatschappij als geheel is volgens negen van de tien van de ondervraagden toegenomen. Dat cijfer is constant gebleven.

Daarmee denken de ondervraagden dat onwenselijk gedrag in de amateursport bijna net zo vaak voorkomt als op straat en tijdens het uitgaan, maar vaker dan in het openbaar vervoer, op school of in winkelcentra. In werkelijkheid maken getuigen of slachtoffers onwenselijk gedrag minder vaak mee in de sport dan op de vijf andere locaties. Voetbal wordt genoemd als sport waarbij wangedrag het meeste indruk maakt. Het imago laat op meer punten te wensen over. Voetbal wordt gezien als een gezellige en fysieke familiesport, maar wordt niet erg eerlijk, sportief en veilig bevonden, is te lezen in *Minder klappen, meer applaus.*

Hoe is dat bij andere sporten en in het buitenland? Nederland staat niet alleen. Op het eerste gezicht misschien een geruststellende gedachte, maar dat is het zeker niet. Ook in andere landen is het soms oorlog langs de lijn. In het noorden van Brazilië vonden op 30 juni van dit jaar twee mensen de dood tijdens een amateurvoetbalwedstrijd. Een scheidsrechter stak een speler neer die na een rode kaart niet van het veld af wilde. Het slachtoffer overleed op weg naar het ziekenhuis. Publiek dat na de steekpartij het veld was opgekomen, achtervolgde de scheids en onthoofdde hem. Zijn hoofd zou op een paal gezet zijn op het midden van het veld. In de Verenigde Staten vond een soortgelijk incident plaats als in Almere. Daar sloeg eind april dit jaar een 17-jarige speler in Salt Lake City de 46-jarige scheidsrechter tegen het hoofd, nadat hij een gele kaart had gekregen. De scheidsrechter werd direct naar het ziekenhuis gebracht, belandde in een coma en overleed een week later aan zijn verwondingen. De doodsoorzaak zou ook hier een scheur in de slagader zijn.

Het incident zorgde voor een schok, zegt de Nederlander Leander Schaerlaeckens, die in Amerika voor FOX Sports werkt als voetbalcolumnist. 'Niet eens zozeer vanwege de gebeurtenis zelf, maar meer vanwege het feit dat voetbal een kindersport is.' Veel ouders laten hun kind voetballen, omdat het veiliger zou zijn dan honkbal of American Football. 'Het is een soort pacifistische kinderhobby,' zegt de journalist, die ook jarenlang coach was van een jeugdteam. 'In sommige competities wordt niet eens de stand bijgehouden. Dat zoiets in het voetbal kon gebeuren, was echt een klap.' In Amerika is voetbalgeweld verder geen issue vanwege het gebrek aan kennis van de sport en het respect voor de scheidsrechter. 'De referee confronteren is echt taboe. Soms moedigen ouders aan, maar er is geen cultuur van meecoachen of meescheidsrechteren, zoals in Nederland.'

Ook dichter bij huis gaat het soms mis. De Engelse sportjournalist Leo Moynihan leidde tien jaar lang een voetbalteam in Londen. Volwassen kerels die op zondagmorgen op zeer bescheiden niveau tegen een balletje trapten. '*I loved it*,' zegt hij. Maar in die tien jaar zag hij het meermaals fout gaan: vooral veel verbale agressie en scheidsrechters die tot in hun auto werden achtervolgd door woedende spelers. 'Ik heb heel veel wedstrijden gestaakt zien worden.' De ergste voorvallen lepelt hij zo op. 'Bij een bekerfinale werd een kind in elkaar geslagen waarop een vechtpartij ontstond. Toen renden meerdere mensen naar de kleedkamer om wapens te halen.' En een andere keer zag hij een tegenstander met een pistool zwaaien. 'Een teamgenoot maakte ruzie met een tegenspeler. Die zei dat het genoeg was en liep naar zijn tas om een pistool te pakken. Ik heb het veld nog nooit zo snel leeg gezien. Het ergste is nog dat we daarna naar de pub gingen en er hartelijk om hebben gelachen.'

Vreselijke verhalen, maar ze gebeuren wel. In Nederland gaat het ook in andere sporten weleens mis, zij het niet zo vaak als bij het voetbal. Hockeybond KNHB registreerde vorig seizoen 494 rode kaarten en 8.556 gele.

De bond heeft 230.000 leden en ongeveer 8.500 wedstrijden per weekend. De KNZB kende vorig jaar 1.443 aanklachten tegen waterpolospelers. Daarvan werden 1.067 spelers veroordeeld voor fysiek of verbaal wangedrag. Ruim 25.000 waterpoloërs komen in 24.000 wedstrijden over een heel seizoen in actie.

De tucht- en geschillencommissie van de basketbalbond NBB becijferde in 2012 dat er 28 gevallen waren van spelers die zich misdroegen ten opzichte van officials. Dat kan zijn: wangedrag, aanmerkingen, belediging, bedreiging, lichamelijke agressie of combinaties. Dat deden ook coaches versus officials, 52 keer. 85 Maal gingen spelers onderling tegen elkaar tekeer. In het seizoen 2011/2012 werden 39 korfbalwedstrijden gestaakt. In totaal kreeg de KNKV 2.157 dossiers op tafel. Daarvan ging het in 1.726 gevallen om gele kaarten en 194 keer om een rode kaart. Die werd 110 keer gegeven aan een speler en 40 keer aan een speelster. Bij 25 van de 194 rode kaarten was er sprake van een overtreding tegen de scheidsrechter.

De cijfers zijn slechts ter illustratie. Vergelijkingen met voetbal zijn amper te maken. Dat heeft ten eerste al te maken met de wijze van registratie van overtredingen op de verschillende bondsburelen, maar vooral met de spelregels tussen de lijnen of in het water. De straffen zijn totaal niet vergelijkbaar. Bij het waterpolo bijvoorbeeld wordt een opmerking richting de scheidsrechter als 'je ziet het verkeerd' bestraft met een rode kaart en behandeld door de tuchtcommissie. Compleet onvergelijkbaar met voetbal. Misschien is waterpolo een uiterste, maar wellicht kan het voetbal een voorbeeld nemen aan het naleven van de regels in die sport. Bij het voetbal laten beleidsbepalers veel begaan. Zo mag eigenlijk alleen de aanvoerder in discussie treden met de arbiter, maar wordt het oogluikend toegelaten als ook andere spelers verhaal komen halen.

Ondanks dat sporten amper zijn te vergelijken, berekende het *Algemeen*

Dagblad het gemiddeld aantal dossiers per wedstrijd bij acht sporten. Daar kwam voetbal er het slechtst vanaf, na waterpolo. Voetbal heeft 1 voorval op 33 wedstrijden, basketbal 1 op 291, hockey 1 op 374 en korfbal 1 op 433. Waterpolo kent 1 dossier per 19 wedstrijden, maar dat komt dus door de strenge straffen. De KNZB voert een 'zero tolerance-beleid'.

Of je nu het gemiddeld aantal excessen berekent aan de hand van de cijfers van de voetbalbond of het gemiddeld aantal voorvallen, zoals het *AD* deed, relatief gezien valt het wel mee, zegt antropoloog Paul Verweel. Hij is hoogleraar bestuurs- en organisatiewetenschappen aan de Universiteit van Utrecht en bovendien voorzitter dan de (overwegend Marokkaanse) voetbalvereniging Hoograven. Verweel deed verschillende onderzoeken in de sportwereld. 'Vergeleken met geweld tijdens het uitgaan, in openbare ruimte of huiselijk geweld gebeurt geweld in de sport heel weinig.' Volgens hem speelt beeldvorming een grote rol. 'Daardoor lijkt het alsof je elke wedstrijd een karatetrap tegen je krijgt. Als dat dan meevalt, wil het nog niet zeggen dat het bestaande beeld verdwijnt. Ik heb eens onderzoek gedaan naar een Surinaamse club waar ze zeven jaar eerder een gevecht hadden gehad. Dat verhaal kwam steeds weer naar voren. Ik heb zelf veertig jaar gevoetbald en ik heb een keer een klap gehad. Als je over jaren kijkt, kom je uit in promillen.'

De cijfers mogen relatief gezien dan meevallen, in absolute zin spant voetbal van alle sporten de kroon. Op onze Nederlandse voetbalvelden wordt een sociale oorlog gestreden. Agressie en discussie zijn langzaam in de cultuur van het voetbal geslopen. Socioloog Bas van Stokkom, verbonden aan de Radboud Universiteit in Nijmegen en de Vrije Universiteit in Amsterdam, schrijft in zijn boek *Wat een hufter!* dat er een 'grenzeloze generatie' opgroeit 'met een overdaad van prikkels'. Deze jongeren ontwikkelen 'een hang naar hardheid, snelheid, actie, spanning, en directe bevrediging en zijn gefascineerd door heftige emoties en kicks'. Die behoeften zijn in het voetbal een stuk eerder te realiseren dan in sporten als tennis of korfbal.

Dat het bij het voetbal vaker fout gaat, lijkt ook te maken hebben met de leeftijdsopbouw. Meer dan de helft van de 1,2 miljoen voetballende leden is jonger dan 18 jaar. Zij zijn ontvankelijk voor beïnvloeding van buitenaf, terwijl de invloed van traditionele gezagsdragers als kerk, gezin en onderwijs juist afneemt. Dat zeggen sociologen, zoals Van Stokkom. 'Dat waren drempels die agressief gedrag verhinderden. Zelfcontrole was belangrijk, dat werd ons met de paplepel ingegoten.' Tegenwoordig is de scheidsrechter net als de politieagent, brandweerman, ambulancebroeder of verkeersregelaar niet meer vanzelfsprekend de gezagsdrager in zijn eigen werkgebied. De normen en waarden veranderen, men richt het leven in naar eigen keuze. Van Stokkom, gespecialiseerd in veiligheidsbeleid en criminologie, schrijft in zijn boek *Wat een hufter* 'dat de morele remmen op het uiten van agressie zwakker lijken geworden'. Wat bedoelt hij daarmee? 'Tegenwoordig overheerst de amusementsindustrie: rap, films, waarin geweld voorkomt. Die industrie en de zelfcontrole die er was, kunnen haast niet naast elkaar bestaan,' zegt de wetenschapper.

Hoe werkt 'tanend gezag' dan door naar geweld en agressie op de velden? 'De scheidsrechter maakt uit wat wel of niet kan,' zegt Verweel. 'Als een tackle niet wordt bestraft, kan het. Leraren, trainers en scheidsrechters moeten tegenwoordig gezag werven. Hij wordt bevraagd. Pas als hij wordt geaccepteerd, is er respect,' zegt de gedragswetenschapper.

De instituten hebben niet vanzelfsprekend overwicht op de jeugd. We zijn vrijer, individualistischer en richten zo ook ons leven in. Een strikte opvoeding is niet meer vanzelfsprekend, normen en waarden worden niet altijd meer gedeeld of zijn vanzelfsprekend en de sociale controle neemt af. De kans op onwenselijk gedrag is aanzienlijk gestegen. Wie iets tegen een ander zegt, kan iets terug verwachten: een grote mond of misschien wel meer. Een weinig rooskleurig beeld van de maatschappij, maar wel de realiteit, zegt socioloog Van Stokkom: 'Elkaar aanspreken is not done, dat wordt beschouwd als een aanval. Je kind is tegenwoordig je vriend, het moet gezellig zijn. Een sportcoach hoort boven zijn spelers te staan, maar spreekt hen minder aan op hun verantwoordelijkheid.'

Die ontwikkelingen in de samenleving zien we terug op het voetbalveld. Incidenten lijken onvermijdelijk. Iets dat KNVB-bestuurder Bruijnis leek te onderschrijven in 2007. 'Voetbal is een echte volkssport, die ondanks alles blijft groeien in ledenaantallen. Alle culturen, gezindten en sociale klassen ontmoeten elkaar op het veld. Ieder weekend staan 1,1 miljoen voetballers tegenover elkaar. En ja, dan gaat er wel eens wat mis. Daar draai ik niet omheen.' Welke rol speelden deze maatschappelijke ontwikkelingen, waarin afwijkend gedrag niet altijd meer wordt gecorrigeerd, op 2 december 2012 in Almere?

2 DECEMBER 2012

De schoppen zijn hard. Richard Nieuwenhuizen ligt op de grond en wil opstaan, maar dat lukt niet. Hij trekt zijn benen in, bolt zijn rug en beschermt zijn hoofd met zijn armen. Nog meer schoppen volgen. Naast hem bij de middencirkel van het kunstgrasveld van het Almeerse Buitenboys staan spelers met witte en rode kousen en gele voetbalschoenen. Hij wil dat het geweld stopt, maar aan zijn smeekbede wordt geen gehoor gegeven. Hij krijgt een trap tegen zijn schouder. De wedstrijd van zijn zoon verliep grimmig, hij kreeg het aan de stok met enkele tegenstanders, maar dat hij luttele minuten na het laatste fluitsignaal weerloos op de grond zou liggen, had hij ook niet verwacht. Niemand.

December 2012: een duel in de najaarscompetitie van de tweede klasse 06 van het district West 1. Buitenboys B3-Nieuw Sloten B1, knapen van 15 en 16 jaar die het tegen elkaar opnemen in een regulier competitieduel. In de poule spelen verder teams als Buitenveldert B2, Swift B1, Pancratius B3 en Diemen B4. Allemaal ploegen uit Amsterdam en nabijgelegen gemeenten. Buitenboys B3-Nieuw Sloten B1 is een duel uit de brede middenmoot. De Almeerders kijken als nummer vier met een schuin oog naar de top van de ranglijst. Nieuw Sloten staat vier plaatsen lager, op nummer acht. Vooral het aantal tegentreffers is groot dit seizoen: de Amsterdammers hebben de bal al 45 keer uit het netje moeten halen.

Misschien moeten de spelers van Nieuw Sloten nog een beetje aan elkaar wennen. Een aantal voetbalt al jaren bij de club, zoals Yassine, maar er is ook een paar jongens nieuw. Ibrahim speelt pas twee weken in het team, Soufyan een week of vier en ook Daveryon, met de gevlochten haren, is nieuw en nog niet bekend met iedereen. Othman moet na twee maanden al wat bekender zijn met zijn medespelers. Bij het verzamelen in Amsterdam blijkt ook nog eens dat het team gehavend is: er zijn niet genoeg spelers. De neef van Othman, Mohamed, wordt opgetrommeld. Hij sputtert tegen, want hij is geen lid, maar dat is niet zo erg wordt hem gezegd. De spelerspassen worden toch niet altijd goed gecontroleerd. Ook Ibrahim speelt zonder pas. Met verdediger Mohamed erbij is het team weer wat sterker. Hij is een goede speler en bovendien wat ouder dan de rest. Mohamed is 17 jaar, terwijl bijvoorbeeld aanvoerder Yassine en Daveryon nog maar 15 jaar oud zijn.

Met de vaders van keeper Wouter, Ismael, aanvoerder Yassine en Soufyan vertrekken ze van Nieuw Sloten richting Almere. Daar blijkt dat in de shirtjestas wat tricots ontbreken. De met hanenkam getooide Fady krijgt een shirt zonder rugnummer. Younes draagt rugnummer 12 met lange mouwen, Ismael krijgt het nummer 15 met een korte mouw. Ibrahim en Rheza hebben allebei een shirt met nummer 8. Verder zijn er bordeauxrode kousen – de juiste clubkleuren – maar ook rode, grijze, zwarte en witte. En er is een rood broekje. Aanvoerder Yassine draagt het altijd gewilde nummer 10, Soufyan 14, Mohammed 4, Daveryon 3, Othman 9 en Mohamed 13. Op doel staat de blonde krullenbol Wouter.

De spelerspassen worden inderdaad niet gecontroleerd door arbiter Erwin Tins (49). Hij fluit sinds 2002 en is bij Buitenboys actief als scheidsrechterscoördinator. Tins kijkt alleen of de namen op het wedstrijdformulier overeenkomen met die op de pasjes. Zo doet hij dat altijd. In tien jaar heeft hij misschien twee keer gecheckt of de foto's en namen op pasjes echt horen bij de spelers op het veld, omdat de leiders van de teams er toen zelf om vroegen. Officieel moet het wel. 'Het is de taak van de scheidsrechters om voor de wedstrijd in het bijzijn van de aanvoerders/ begeleiders de passen te controleren', staat in de regels van de bond. Wie geen pas bij zich heeft, mag niet spelen. Maar de controle gebeurt eigenlijk nooit. De foto's mogen ook vijf jaar oud zijn. Wie als 11-jarige nog een lief en schattig kindergezichtje heeft, kan vijf jaar later besnord op het veld staan, redeneert Tins.

Als de spelers eenmaal op het veld staan, zien ze een twintigtal toeschouwers, onder wie de zus van de in het oranje gestoken keeper Nando Sitanala van Buitenboys. Hij speelt zijn driehonderdste duel voor zijn club. Dat heeft een vriend van de familie nauwkeurig bijgehouden sinds Nando in de F14 zijn eerste wedstrijdje speelde. Zijn zus Lisanne maakt foto's van het jubileumduel van broerlief. Die blijken later van groot belang. Door de voor hem feestelijke wedstrijd is Nando erop gebrand goed te spelen. Wat hij niet weet, is dat zijn familie ook nog een bos bloemen en een cadeau heeft, maar die zijn voor na de wedstrijd. Behalve Nando is het hele team van Buitenboys gemotiveerd om goed te spelen. Nieuw Sloten staat een stuk lager, dus een winstpartij zou er weleens in kunnen zitten.

Voor de wedstrijd roken drie volwassen mannen nog een sigaretje tegen het hek. Het zijn Richard Nieuwenhuizen, de vader van Buitenboys-aanvaller Mykel, trainer Henk Schulte en Richard Sitanala, de vader van Nando. Ze maken een praatje. Die duren met Nieuwenhuizen meestal niet lang, hij is niet zo'n prater. Des te enthousiaster is hij over voetbal. Sinds zoon Mykel bij Buitenboys voetbalt, is zijn vader er ook vaak. Drie, vier keer in de week, ook bij trainingen dus. 'Een echte clubman,' zegt bestuurslid Rob Mueller. 'Als hij in augustus naar de training kwam kijken, pakte hij een container om puin, dat in de zomer door mensen was achtergelaten, te ruimen.' Ook is hij niet te beroerd om limonade te halen of te vlaggen. Ook deze zondagochtend niet. Als altijd draagt Nieuwenhuizen een petje. Het is grauw, niet echt een dag om eens lekker langs de lijn naar een voetbalwedstrijd te kijken. Slechts af en toe weerspiegelt een waterig winterzonnetje in de al aardig platgetrapte kunstsprieten van het hoofdveld op sportpark Polderkwartier. De wedstrijd staat op het punt van beginnen.

Amsterdam, Parnassusweg, 29 november 2012. Drie dagen voor de aftrap in Almere wordt niet op een veld over voetbal gekeuveld, maar in een Amsterdamse rechtszaal. Daar doet de rechter uitspraak in een heftige voetbalkwestie. Op 3 december 2011 schopte een volwassen amateurvoetballer een bejaarde toeschouwer met een 'flying kick' tegen de grond. Het slachtoffer scheurde zijn milt en overleed een maand later. Nog geen jaar daarna loopt verdachte Silvester M. met zijn hoofd naar beneden gericht naar zijn plek voor de in toga's gehulde rechters. Hij heeft spijt. Waarom hij de toeschouwer te lijf ging, weet hij niet. De man vond de gele kaart terecht die hij kreeg voor een overtreding en dat hoorde M.. Hij ontstak in woede, nam een aanloop en trapte de man. 'Ik sta juist bekend om mijn sportieve, goede gedrag,' zegt hij. 'Ik voelde me extra aangevallen. De opmerkingen hebben me in elk geval getriggerd. Ik heb iets gehad, ik weet niet wat. Een of andere ingeving.'
Rechtbankvoorzitter Martien Diemer acht M. schuldig aan zware mishandeling met de dood tot gevolg en veroordeelt hem tot een celstraf van drie jaar. Diemer spreekt van 'een heftige en kortstondige impulsdoorbraak'. Niet te tolereren. 'Geweld, ook tijdens sportwedstrijden, veroorzaakt veel beroering en draagt bij aan gevoelens van onrust en onveilig-

heid in de maatschappij.' Tegen M. was vier jaar geëist. Dat hij toch voor de flinke periode van drie jaar de cel in moet, is het signaal dat geweld op de velden hard wordt aangepakt.

Almere, drie dagen later, 10.30 uur. Het schelle geluid van een fluitje klinkt. Arbiter Tins heeft aan Buitenboys-zijde Nieuwenhuizen als assistent-scheidsrechter en aan de andere kant hanteert Ronald Mirck, de vader van doelman Wouter, de vlag. Een leuk, sportief potje lijkt het niet te worden. Al vanaf het begin lopen de Amsterdammers te etteren, als echte pubers. Ze trekken aan de shirts van hun tegenstanders en lachen hen uit als Buitenboys de bal op de lat schiet. Gefocust op de wedstrijd zijn ze niet. De spelers van Nieuw Sloten schreeuwen er op los, vooral onderling. Maar ook richting de grensrechter van de tegenpartij. Nieuwenhuizen krijgt een aantal keer op niet mis te verstane wijze te horen dat de Amsterdammers het niet eens zijn met zijn vlagsignalen. Zelfs als hij het volgens Richard Sitanala, de vader van keeper Nando, 'gewoon' bij het rechte eind heeft. Die staat zoals altijd als hij niet zelf de vlagger is – want dat gebeurt bij toerbeurt met enkele andere vaders - op de 'N-Side', zoals hij en de moeder van Nando dat noemen: aan de lange zijde aan de kant van het doel van hun zoon. Zo'n meter of tien, twintig van de middellijn. Zo kunnen ze de reddingen en andere ingrepen van Nando goed volgen. De ouders van Nando staan dus pal achter Nieuwenhuizen en zien dat hij het buitenspel lopen van de aanvallers van Nieuw Sloten regelmatig goed waarneemt. Hij laat zich niet beïnvloeden door het gemopper van de tieners. 'Nieuwenhuizen was ook te eerlijk om vals te vlaggen,' zegt Sitanala. De vader van de keeper heeft nog nooit gezien dat Nieuwenhuizen betrokken was bij een opstootje.

Arbiter Tins legt het duel enkele malen stil. In de eerste helft lijkt Buitenboys zich van het gedrag van Nieuw Sloten niet veel aan te trekken, want de Almeerders nemen nog voor rust een 2-0 voorsprong. Een tussenstand die met het oog op de ranglijst niet zo gek is. Het ziet er niet naar uit dat Buitenboys die voorsprong uit handen gaan geven. Maar de ouders zijn er niet gerust op. Niet of hun kinderen de voorsprong weten vast te houden, wel of de wedstrijd in een normale sfeer het einde zal halen. 'Als dat maar goed gaat,' zeggen zij tegen elkaar. Gezien de eerste helft zal die weleens een heftig vervolg kunnen krijgen in het tweede deel. Tijdens de thee vraagt Tins dan ook aan wat mensen van de thuisclub of zij na de rust vanwege de sfeer bij de wedstrijd willen komen staan. Dat blijkt later niet onverstandig.

In de tweede helft wordt de geladen sfeer steeds grimmiger. Als spelers van Nieuw Sloten worden afgevlagd voor buitenspel, gaat het daaropvolgende fluitsignaal gepaard met een hoop misbaar richting de vlaggende Nieuwenhuizen. 'Buiten alle proporties,' zegt een vader die liever anoniem wil blijven. 'Dat had ik in jaren niet gezien. Een van die jongens kwam dreigend op Richard af, met zijn armen omhoog en riep iets als "wat doe je nou?!", maar dan een stuk erger. Daarover heb ik me echt verbaasd. Er gebeurden een hoop dingen die ik als abnormaal beschouw.' In het tweede bedrijf geeft Tins aanvoerder Yassine van Nieuw Sloten een gele kaart, wat neerkomt op een tijdstraf. De commotie om die beslissing is op het naastgelegen veld, waar bestuurslid Richard Langeveld naar Buitenboys A2 staat te kijken, ook te horen. Yassine moet vijf minuten naar de kant, maar staat al voor het verstrijken van de afkoelingsperiode weer in het veld. Langeveld: 'Op een gegeven moment ving ik op dat Nieuw Sloten met een speler te veel in het veld stond. Dat zag trainer Henk Schulte en hij zei er iets van. De spelers van Nieuw Sloten scholden de coach uit voor klootzak en Henk ging daarin mee. "Houd je bek dicht," riep hij.'

Bij de spelers uit Amsterdam heerst blijvende onvrede over het in hun ogen partijdige vlaggen van Nieuwenhuizen. Nieuw Slotenspeler Daveryon roept naar hem: 'Als je niet kunt vlaggen, kun je beter naar huis gaan.' Zijn ploeggenoten maken zich ook in de tweede helft kwaad over het optreden van Nieuwenhuizen. Die emotie en de intimidatietactiek van Nieuw Sloten lijken vruchten af te werpen. De Amsterdammers komen terug tot 2-2, Soufyan scoort de laatste. Terwijl Nieuw Sloten de laatste goal voorbereidt, valt Nieuwenhuizen op de grond. Als de bal in het net ligt, lopen de Amsterdammers terug naar de eigen speelhelft. Doelpuntenmaker Soufyan loopt gek genoeg niet in een rechte lijn, maar hij loopt om, richting zijlijn. Daar zegt hij uitdagend tegen Nieuwenhuizen: 'Je moet me wel bijhouden.' Tins geeft behalve Yassine ook Soufyan in de tweede helft een gele kaart, maar ziet geen aanleiding om de wedstrijd te staken. Als hij affluit, staat er een gelijkspel op het scorebord, een resultaat waar vooral Buitenboys van baalt. Met een remise komen ze niet dichterbij de ploegen boven hen. Nieuw Sloten is tevreden. Terugkomen van 2-0 achter en dat tegen een ploeg die een stuk hoger staat. Het lijkt een rustig einde van een voetbalzondag.

Na het laatste fluitsignaal verzamelt iedereen zich rond de middencirkel van het kunstgrasveld. Yassine heeft zijn wedstrijdshirt uitgetrokken waardoor zijn zwarte ondershirt zichtbaar is. Er worden handen geschud. Voor de jubilerende keeper Nando komt de familievriend aangelopen met een bos bloemen. Maar wat voor Nando begon als een feestelijke dag, loopt uit op een drama voor iedereen. Blijkbaar leeft er tussen enkele spelers van Nieuw Sloten en Nieuwenhuizen oud zeer van de wedstrijd. Over en weer wordt geschreeuwd en uitgedaagd. Uit diverse ooggetuigenverklaringen achteraf blijkt dat Nieuwenhuizen iets roept dat de lont van de vechtpartij ontsteekt, maar wat hij precies roept, weet niemand. Bestuurslid Langeveld niet, de anonieme vader niet en ook Sitanala niet. Dat de grensrechter iets zegt, staat haast buiten kijf. Binnen een paar seconden loopt het volledig uit de hand. Het is oorlog binnen de lijnen.

Er ontstaat een massale vechtpartij, vooral tussen Nieuwenhuizen en enkele tegenstanders. Hij wordt vanachter neergehaald. Als hij op de grond ligt, ontvangt hij rake klappen en schoppen op hoofd, bovenlichaam en benen. Niet alleen van tegenspelers van zijn zoon, ook van een volwassene. Nieuw Slotenaanvoerder Yassine geeft hem een trap tegen zijn schouder en rent vervolgens via het openstaande hek aan de kant van de kantine het asfaltpaadje op naar rechts, de bosschages in. Peter Bakker, bij Buitenboys verantwoordelijk voor de jeugdselectieteams, rent achter hem aan. Als Yassine terugkomt, heeft hij een tak in zijn hand. Ondertussen wordt op het veld doorgevochten. Nieuwenhuizen verliest zijn linkerschoen. De zus van keeper Nando maakt inmiddels foto's van het opstootje, net als de vader van een speler van de A2, op het veld ernaast. Nando komt op het kluitje afgerend en doet zijn best om de vader van zijn ploeggenoot te ontzetten. Hij en Daveryon raken slaags, waardoor ook Nando valt. Nando krijgt schoppen die wellicht voor Nieuwenhuizen bedoeld zijn. Ook zoon Mykel doet er alles aan om te zorgen dat zijn schreeuwende vader niet nog meer schoppen krijgt, maar komt op het kunstgras te liggen. Net als Mohamed en El-Hasan, de vader van Yassine. Daveryon, zijn oude buurjongen, schiet hem te hulp. Daveryon duwt iemand weg en helpt El-Hasan overeind. Tussen de schoppen door rennen Nieuwenhuizen en z'n aanvallers achter elkaar aan. Of Nieuwenhuizen nu wegrent voor zijn belagers of juist hen najaagt, is in de onoverzichtelijke situatie voor de omstanders niet duidelijk. In elk geval komt hij later nog een keer ten val. In de chaos roept iemand van Nieuw Sloten 'dat we niet komen om te voetballen, maar om te rellen', zeggen getuigen. Er wordt flink gescholden, ook Nieuwenhuizen laat zich verbaal niet onbetuigd. Hij deelt vast ook wel een duw en klappen uit, maar wat Nieuwenhuizen doet en zegt, is niet goed te zien en horen. Tussen de schoppen door probeert hij op te staan, maar dat lukt niet. Hij ligt weerloos op de grond en krijgt een schop tegen zijn bovenlichaam. Spelers met witte kousen en gele kicksen staan pal naast hem. Een schop tegen het hoofd van Nieuwenhuizen betekent het einde van de kloppartij. 'Niet om bewust te kopschoppen,' is de indruk van de anonieme vader, 'maar wel om een lesje te leren. Zo van "we pakken de grens".'

Na een seconde of veertig is de schermutseling al voorbij. Dan rennen volwassenen met warme winterjassen en spijkerbroeken aan het veld op: hoofd jeugdopleiding Igor van Gelderen naar Nieuwenhuizen, Langeveld naar Nando. Zij halen de ruziemakers uit elkaar. De familievriend van de Sitanala's rent met de bos bloemen in zijn hand. Ook vader Richard Sitanala komt het veld op: 'Als je kinderen hebt en je ziet dat er zoiets met ze gebeurt, ga je wat doen. Maar het was al voorbij voordat ik er was. Het was zo plotseling afgelopen.' Binnen een mum van tijd is het een kluwen van tientallen spelers en trainers, leiders en ouders. Als de kruitdampen zijn opgetrokken, vragen de betrokkenen zich af wat er in godsnaam is gebeurd. De schrik zit er goed in bij alle aanwezigen. 'Voor hetzelfde geld had ik daar gestaan,' bedenkt de anonieme vader zich. 'Meestal nam ik het vlaggen de tweede helft over van Richard, als hij het zwaar vond worden. Maar de tweede helft was al begonnen. Ik was twee, drie minuten te laat. Of hetzelfde was gebeurd, je weet het niet.'

Hoe heeft de situatie zo kunnen escaleren? Het ging allemaal zo snel. Voordat de aangestormde omstanders de relschoppers uit elkaar konden halen, was de knokpartij alweer bijna afgelopen. Wie wat nu precies gedaan heeft, is eigenlijk voor niemand duidelijk. Nieuwenhuizen staat op, hij heeft blauwe plekken op zijn schouder en achterhoofd en een verwonding aan zijn vinger. Vol adrenaline vervolgt een ieder zijn weg: ouders naar de kantine, de spelers de kleedkamers in. Daar spreekt Youssef, de vader van Ismael, de jongens boos toe. 'Dit kan niet,' foetert hij. Sommigen scheppen op over de schoppen die ze hebben uitgedeeld. Bestuurslid Langeveld van Buitenboys verordonneert enkele spelers van Nieuw Sloten naar de bestuurskamer te komen. Er moet verslag uitgebracht worden bij de KNVB en Langeveld wil weten wat er is gebeurd. Waarom er is geschopt en geslagen. Hij wil namen en nummers. Het zijn Yassine en Soufyan die naar boven komen. Zij zijn door de omstanders aangewezen als de grootste lastpakken. Daar, op zwartlederen stoelen op wieltjes en aan een chique, lange houten tafel, wordt gesproken over wat er is gebeurd en het wedstrijdformulier ingevuld. Ook de vader van Ismael loopt mee. Het valt Langeveld op dat de jongens 'ongedisciplineerd' zijn: 'Ze hadden hun capuchon over hun hoofd en zetten een grote mond op. Dat het niet hun schuld was, dat Buitenboys begon. Die vader voerde wel een strak regime, zei dat ze hun mond moesten houden. Op een gegeven moment liep het een beetje uit de hand. Ze wilden weg. Dat snap ik wel, want sommige jongens speelden zonder spelerspas.'

Nieuwenhuizen staat dan in de kantine. Hij maakt een praatje met Richard Sitanala. Waar hij eerder nog de vlag vasthad, ziet Sitanala nu dat de vingers die de vlaggenstok omklemden, enorm trillen. 'Het leek wel of hij dwars door me heen keek.' Sitanala ziet dat het niet goed gaat, maar verwacht dat Nieuwenhuizen later op de dag wel weer bijtrekt. Na het gesprek lopen de Nieuw Slotenspelers de kantine uit en stappen bij de vaders in de auto. Ze zetten koers richting Amsterdam-West. Nieuwenhuizen gaat na de wedstrijd naar huis om even op bed te liggen. Aangifte van de mishandeling wil hij niet doen. Dat doet Sitanala wel van het geweld tegen zijn zoon. Zulk wangedrag kun je niet zomaar laten gaan, vindt hij. Nieuwenhuizen komt later in de middag terug om naar de B2 te kijken. Snel na het begin van die wedstrijd merkt Langeveld dat Nieuwenhuizen slist en niet goed uit zijn woorden komt. 'Ik voel me niet goed,' zegt Nieuwenhuizen als hij langs het veld staat. Even later zakt hij in elkaar. Hij probeert op te staan, maar dat lukt niet. Hij gaat in de dug-out zitten. De opgeroepen ambulance arriveert binnen acht minuten en de voetbalvader wordt naar het Flevoziekenhuis aan de Hospitaalweg in Almere gebracht. Daar gaat Nieuwenhuizen snel achteruit. Hij doet alsnog aangifte, maar komt slecht uit zijn woorden. Het blijkt echt goed mis. Hij wordt overgebracht naar het ziekenhuis in Nieuwegein, waar meer expertise aanwezig is, maar 's avonds laat wordt al duidelijk dat hij het waarschijnlijk niet zal gaan halen.

De media maken dan al melding van een grensrechter die in coma is geraakt bij een jeugdwedstrijd in Almere. Die berichten bereiken ook de huiskamers in Slotervaart, waar Mohamed zijn moeder op het hart drukt dat hij niets heeft gedaan. Ook Ibrahim vertelt zondagavond aan zijn moeder en een vriendin wat er is gebeurd. Zijn moeder stuurt een pingbericht naar een hulpverlener van Jeugdzorg dat Ibrahim iemand een schop heeft gegeven. Hij heeft eerder vastgezeten en het gezin – Ibrahim heeft een zusje – wordt nog begeleid door Jeugdzorg.

De politie verhoort zondagavond de eerste getuigen. Maandagochtend, als het buiten nog donker is, worden drie jongens van 15, 15 en 16 jaar ge-

arresteerd: het zijn aanvoerder Yassine D., Daveryon B. met de gevlochten haren en doelpuntenmaker Soufyan B.. Zij zitten in alle beperkingen,
wat betekent dat zij alleen hun advocaat mogen spreken. De KNVB reageert bij monde van een woordvoerder. Die noemt de gebeurtenis 'verschrikkelijk. We doen er de laatste jaren alles aan om het geweld op de
amateurvelden terug te dringen. In dat proces hebben we flinke stappen
vooruit gezet. Maar tegen figuren die zomaar ineens doorslaan op een
voetbalveld omdat iets of iemand hen niet zint, valt niet veel te beginnen.' Het wrange is juist dat de KNVB de maximumstraf voor jeugdspelers nog geen vier maanden terug, in augustus, heeft teruggebracht naar
drie jaar. Na 36 maanden mogen zij weer lid worden van een club. Dat is
gedaan omdat de clubs hadden aangegeven een levenslange schorsing
voor jeugdspelers te rigoureus te vinden. Maar met die regel is niet iedereen het eens. 'Wat mij betreft komen ze nooit meer op het sportveld
terug,' zegt VVD-Kamerlid Mathijs Huizing.

Die maandagmorgen, als de KNVB-zegsman voor het eerst heeft gereageerd en de eerste verdachten zijn opgepakt, ligt de vlaggenist in kri-
tieke toestand in het ziekenhuis. Hij ligt in coma. Later in de ochtend
meldt bestuurslid Rob Mueller van Buitenboys de media dat 'drie of vier
jongens Nieuwenhuizen voluit in de rug, nek en op het hoofd hebben
getrapt. Willens en wetens. Niet normaal.' De man die tot dat moment
wordt aangeduid als 'de grensrechter' heeft dan ook een naam gekregen:
Richard Nieuwenhuizen. Veel kranten en televisieprogramma's plaatsen
een foto van zijn Facebookpagina bij de artikelen en items over het drama op het voetbalveld.

In de middag loopt Richards partner Xandra door de gangen van het
ziekenhuis in Nieuwegein. Bij een van de televisieschermen staat ze stil.
Een nieuwsitem op het RTL Nieuws gaat over Richard. 'De grensrech-

ter die gisteren werd mishandeld, is overleden' ziet ze op het scherm. Ze staat stil alsof ze verdoofd is. De piepjes van haar telefoon doen haar opschrikken. Mensen brengen al per sms hun condoleances over. Maar officieel is Nieuwenhuizen nog in leven. De doktoren verklaren hem pas in de namiddag hersendood. Nieuwenhuizen sterft om 17.30 uur in het bijzijn van zijn familie. De officiële doodsoorzaak blijkt een scheur in zijn halsslagader. Het drama is compleet. Een dode op het veld op het eerste oog door schoppen met voetbalschoenen, door meerdere personen en van wie de meesten nog maar minderjarig zijn.

Binnen een week worden nog vijf verdachten opgepakt: het zijn Fady F. met de hanenkam, verdediger Mohamed K., zijn neef Othman K., nieuweling Ibrahim C. en Yassines vader El-Hasan D.. De aanhouding van El-Hasan verbaast velen. Hij is al jaren bij de club van zijn drie zoons betrokken, als trainer van de A2 en scheidsrechter, zelfs als grensrechter. Het is de opmaat naar de rechtszaak tegen het achttal van Nieuw Sloten. Een ongelooflijk lastige kwestie gezien alle vragen die zijn gebleven. Want wie doet nu precies wat op de tweede van december? Wie deelt de eerste schop uit? Wie de laatste? Wie zorgt ervoor dat Nieuwenhuizen tot twee keer toe op de grond terecht komt? Welke volwassene geeft Nieuwenhuizen een dreun: is het El-Hasan die klappen uitdeelt of een andere Marokkaanse vader? Die van Ismael misschien? Die van Soufyan? Zijn er andere spelers die misschien een schop of klap hebben uitgedeeld? Wie raakt de voetbalvader op welke plek? Wie doet precies wat, en wanneer? Het zal een lastige klus worden om dat op te helderen. Zoals een van de getuigen van de schoppartij zegt: 'Ik kan al die Marokkanen niet uit elkaar houden. Ze lijken op elkaar.'

De bond schiet niet meteen in gang. Buitenboys heeft die maandag nog niets van de KNVB gehoord. Een telefoontje op zondagavond naar district West 1 leverde niets meer op dan het koude 'jullie zijn morgen als eersten aan de beurt'. Maar dat blijkt een loze belofte. Ook op maandag laat bond het afweten. Op de televisie verkondigt directeur amateurvoetbal Anton Binnenmars dat de KNVB 'intensief contact heeft met de club', maar dat gebeurt pas 's avonds en dinsdagochtend. Dan komt een zware delegatie van de bond, met Binnenmars, voorzitter van de sectie amateurvoetbal Bernard Fransen en vertegenwoordigers van district West 1, op bezoek, onder meer om excuses te maken. Maandagavond vergadert ook het bestuur van Nieuw Sloten. De bestuurders zijn het erover eens dat de B1 direct uit de competitie wordt genomen. Het is namelijk niet de eerste keer dat het bewuste elftal zich misdraagt. Op 14 oktober raken spelers tijdens de wedstrijd tegen FC Almere B2 betrokken bij een collectieve opstoot. De trainer van Almere wordt bedreigd. Het clubbestuur geeft de relschoppers daarvoor volgens de regels van de vereniging een 'gele kaart', wat betekent dat het team bij herhaling door het eigen bestuur uit de competitie zal worden gehaald. Dat gebeurt. De spelers van Nieuw Sloten B1 worden bovendien geroyeerd. 'Met zo'n gesprek probeer je hun het besef bij te brengen dat zulke gebeurtenissen niet door de beugel kunnen,' zegt bestuurslid Wim Snoek van Nieuw Sloten in *Het Parool*. 'Dat is op één of andere manier niet doorgedrongen, het gesprek heeft niet gewerkt.' Wat heet. Het akkefietje bij FC Almere en vooral de clash tegen Buitenboys blijken niet de enige giftige potjes.

Trainer Ad de Gans van Diemen B4 speelde op 25 november, een week daarvoor, met zijn ploeg tegen Nieuw Sloten B1. 'Een paar heren had last van opvliegendheid,' herinnert hij zich. 'De scheids had een lastige middag. De sfeer was grimmig, maar daar bleef het bij.' Ook in het duel met Swift B1 begin november gebeurt er niets dat de scheidsrechter zich nog kan herinneren, meldt de Amsterdamse krant. Maar een voormalig lid zegt: 'Los van elkaar zijn het aardige jongens, stuk voor stuk. Maar met zijn allen konden ze soms iets naars over zich krijgen. Ze fokten elkaar soms ontzettend op. Als het tegenzat, waren er een paar die de beuk erin gooiden. Dat waren jongens die dan niet meer rustig te krijgen waren. Eigenlijk hadden ze de jongens uit elkaar moeten halen.'

Kranten koppen die week over de korte lontjes van Nieuw Sloten, terwijl de meeste mensen die benaderd worden Nieuw Sloten als een prettige club omschrijven. Een anonieme medewerker van stadsdeel Nieuw-West zegt: 'Ze zitten er juist altijd bovenop, hebben genoeg vrijwilligers en hanteren goede regels. Als er wat gebeurt, nemen ze altijd direct maatregelen.' Toch ging het in oktober ook al mis bij de A1. Spelers raakten in gevecht met tegenstanders van een andere club uit Almere, Sporting, en de tuchtcommissie van de KNVB legde zware schorsingen op, tot achttien maanden.

Bij de KNVB is de ernst van de zaak inmiddels doorgedrongen. De bond belegt dinsdag in Zeist een persconferentie. Voor een bord met sponsornamen en achter een tafel met de gebruikelijke flesjes water, naambordjes en microfoons nemen Binnenmars en Fransen in onberispelijk pak plaats. Naast hen zit woordvoerder Renske Bruinsma. Fransen spreekt van een 'intens, intens droevige gebeurtenis' en zegt dat de KNVB geschokt is. De bond last alle 33.000 wedstrijden af in het weekend van 8 en 9 december. Binnenmars leest onder meer voor: 'Het voetbal valt letterlijk stil. We willen met deze actie laten zien dat dergelijk gedrag op het voetbalveld niet acceptabel is en bieden voetballers de kans met elkaar na te denken over hoe we deze excessen kunnen voorkomen. We moeten in de spiegel kijken en nadenken over oplossingen. We hebben alle clubs en leden nodig om er samen voor te zorgen dat dit de allerlaatste keer is.' Binnenmars en Fransen zijn eensluidend in conclusies. Fransen: 'Er is meer aan de hand, het is een maatschappelijk probleem. We nemen hier verantwoordelijkheid voor. Wij staan natuurlijk wel met onze rug tegen de muur. Jullie kennen de cijfers, daar gaan we ons niet achter verschuilen. Wij doen het blijkbaar niet goed genoeg. Maar alleen kunnen we dit niet doen, dat moet met meerdere partijen.' De KNVB hoopt dat voetbalverenigingen in het hele land de deuren opengooien om te bezinnen en te discussiëren. Dat gebeurt massaal, maar lang niet bij alle clubs. De leden komen toch niet, voorspellen meerdere clubbestuurders vooraf in (lokale) kranten.

De wedstrijden in het betaalde voetbal gaan wel door, heeft de KNVB na lang wikken en wegen besloten. 'De attentiewaarde bij het betaald voetbal is vele malen groter. Wij willen een statement maken. Met een minuut stilte denken we heel veel effect te kunnen bereiken. Stilte is zichtbaar in stadions. We hebben er daarom voor gekozen om voorafgaand aan de wedstrijden een minuut stilte te houden. Ook voetballen de spelers met rouwbanden om,' zegt Fransen. Het is een twijfelachtige redenering. Alsof een minuut stilte bij de profs méér indruk maakt dan het gehele stilleggen van de eredivisie. Dat zou pas een statement zijn. Vermoedelijk is het vanwege de (miljoenen)belangen onmogelijk het profvoetbal op zo'n korte termijn niet te laten doorgaan. Ook in Duitsland en België houden voetballers een minuut stilte. En zelfs bij het WK voor clubteams in Japan zijn de profvoetballers een minuut lang stil voorafgaand aan de openingswedstrijd. Fransen belooft te bekijken hoe 'het beleid met betrekking tot aanpak van excessen nog verder aangescherpt kan worden'.

De dood van Nieuwenhuizen veroorzaakt een ophef die z'n weerga niet kent. Niet alleen is diens overlijden het gesprek van de dag in kantines en bestuurskamers, het Nederlandse amateurvoetbal heeft ditmaal ook politici in Den Haag, voetbalbobo's in Zeist en Zwitserland en talloze televisiestudio's bereikt. In de loop van de week doen allerlei mensen hun zegje over het geweld. Volgens Ajaxtrainer Frank de Boer schort het een en ander aan de opvoeding. 'Dit is te belachelijk voor woorden. Je vraagt je af waar de opvoeding is gebleven. Ik denk dat we daar heel goed naar moeten kijken. Je kunt je niet voorstellen dat mensen zoiets doen. Dat de stoppen zó doorslaan bij jongetjes van vijftien, zestien jaar.' Ook Johan Cruijff heeft het over de opvoeding en normen en waarden. VVD-minister Ivo Opstelten van Justitie en Veiligheid reageert voor de camera's van NOS. Hij vindt dat dit niet gezien kan worden als incident: 'Als zoiets gebeurt, moet er meer aan de hand zijn.' Hij laakt de normen en waarden en vindt dat de daders streng gestraft moeten worden. PVV-voorman Geert Wilders vindt dat Nederland een 'Marokkanenprobleem' heeft, verwijzend naar de afkomst van een aantal opgepakte verdachten.

Premier Mark Rutte zegt vrijdag tijdens zijn wekelijkse persconferentie dat de afkomst van de verdachten 'niet de kern van de zaak' is. 'Huisvaders die met hun neus vol coke naar Feyenoord-Ajax gaan, zijn overwegend blank. Ook bij de rellen in Haren waren de meesten autochtoon. De kern van dit probleem is geweld rond het sportveld.' Hij vindt het verschrikkelijk wat er is gebeurd. 'In zo'n land wil je niet wonen. We moeten opkomen voor de vrijwilligers die in Nederland actief zijn. Een voetballoos weekend is een signaal aan heel Nederland dat dit niet mag gebeuren.' ook Rutte noemt de opvoeding. 'De overheid kan dit niet oplossen. Ik ga op basis van dit incident geen nieuwe beleidsvoornemens aankondigen. Uiteindelijk is opvoeding een zaak van ouders, scholen en clubs.' FIFA-president Sepp Blatter schrijft op Twitter over 'een verschrikkelijke tragedie' en dat zijn gedachten uitgaan naar de nabestaanden. In een brief aan KNVB-voorzitter Michael van Praag schrijft Blatter bovendien: 'Ik was diep geschokt toen ik hoorde over dit tragische incident. Voetbal is een spiegel van de samenleving en helaas, dezelfde kwalen die de samenleving teisteren – in dit geval geweld – manifesteren zich ook in ons spel. Toch blijf ik ervan overtuigd dat voetbal – door het voorbeeld van onvermoeibare inspanningen van mensen zoals Nieuwenhuizen – een kracht ten goede is, en we moeten doorgaan om het positieve voorbeeld te gebruiken om mensen te leren dat dit misstanden zijn.'

Ongeveer tachtig vrijwilligers, bestuursleden en trainers van Nieuw Sloten komen donderdag op een geheime locatie bijeen tijdens een emotionele bijeenkomst. Er wordt een minuut stilte gehouden. Een handjevol doet bij de hulpverleners van slachtofferhulp zijn verhaal. Tijdens het samenzijn wordt besloten, mede op dringend advies van de politie, dat niemand van Nieuw Sloten gaat meelopen met de stille tocht, die zondag in Almere is. Een geplande bijeenkomst voor de leden op zaterdag wordt op advies van het stadsdeel afgelast. Door de verwachte opkomst van ongeveer achthonderd mensen, leden en ouders, kan de veiligheid niet worden gegarandeerd.

Na het incident doet ook minister Edith Schippers van Volksgezondheid, Welzijn en Sport een duit in het zakje als ze op vrijdagavond te gast is in het televisieprogramma Pauw & Witteman. Ze slaat de plank volledig mis als ze een foto van de vechtpartij becommentarieert. 'Ik vind het verbijsterend hoe hier niet is ingegrepen. Ik vind het verbijsterend hoe dit is gegaan en hoe weinig hier is opgetreden. Deze man is niet te hulp geschoten. Sterker nog, het is twee keer achter elkaar gebeurd, zonder dat er is ingegrepen.' Blijkbaar heeft de minister aan één foto genoeg om een oordeel te vellen over wat er op het veld in Almere is gebeurd. Ook de leden van Buitenboys kijken mee. De voetbalclub twittert: '@EdithSchippersnl Uw optreden bij P&W vanavond was te schandalig voor woorden. U heeft Buitenboys en haar mensen diep beledigd en vernederd.'

Zondag lopen ongeveer tienduizend mensen van Almeerse voetbalverenigingen in de regen mee in een stille tocht, ter herdenking aan Nieuwenhuizen. Bij het stadion van Almere City FC is het lied 'Zinloos' van Lange Frans en Baas B. te horen. De namen van onder anderen wijlen Theo van Gogh, Meindert Tjoelker en Joes Kloppenburg komen voorbij. 'Hoeveel moeten er nog komen,' klinkt het, 'hoeveel moeten er nog gaan. Wie waren deze helden, we doen dit hier in jullie naam'. De bestuurders van Buitenboys en nabestaanden van Nieuwenhuizen dragen een witte trui met de tekst Tegen zinloos geweld en een band om de arm met een lieveheersbeestje, het symbool van de stichting tegen zinloos geweld. Leden van Buitenboys dragen het wedstrijdshirt. Zoon Alain neemt als eerste het woord. 'Lieve papa. Grensrechter, dat vond je heerlijk om te doen. Je liet je passie stralen over het hele voetbalveld. En ook thuis en op de club liet jij blijken te genieten van de sport en alles daar omheen. Eén ding was je fel op tegen en dat was een grote mond op het veld. Laat staan zinloos geweld. We zullen je missen papa. Rust zacht.' Alain legt zijn hand op zijn borst. 'En laten we een ding onthouden. In Nederland heeft zinloos geweld nooit het laatste woord.' Burgemeester Annemarie Jorritsma van Almere zegt onder meer: 'Machteloos was het eerste woord dat bij me opkwam, als ik denk aan alles wat ik de afgelopen dagen heb gezien, gehoord, en meegemaakt. Opeens staat het leven stil.' KNVB-voorzitter Michael van Praag noemt voetbal een emotionele sport: 'Maar voetbal is ook winnen en verliezen. Dat moet je allebei kunnen. Anders pas je niet in deze sport.' Op de fatale plek leggen de mensen een roos neer, de favoriete bloem van Nieuwenhuizen.

Twee dagen later, nadat inmiddels in totaal acht verdachten zijn opgepakt, is het met veel bombarie aangekondigde topberaad. Het overleg op dinsdag, speciaal ingelast naar aanleiding van de dood van Nieuwenhuizen, levert weinig nieuws op. Onder anderen ministers zijn daarbij, gemeenten, politie, KNVB en Nederlands Olymisch Comité en Nederlandse Sport Federatie (NOC*NSF), maar veel komt er niet uit. Minister Schippers wil er bij 'iedereen een tandje bij om gezag en autoriteit terug te brengen in de sport'. Na geweld op de sportvelden moet altijd aangifte gedaan worden. De politie zal dat soort aangiftes sneller in behandeling nemen, zegt ze. Minister Opstelten gaat onderzoek doen naar de mogelijkheid om geweld tegen een scheidsrechter net zo te behandelen als geweld tegen een hulpverlener. De scheidsrechter moet dezelfde autoriteit krijgen als een brandweerman, ambulancebroeder of conducteur. Hij gaat in overleg met het openbaar ministerie om te zien wat de mogelijkheden zijn. Dat voornemen was er in het voorjaar van 2011 ook al, maar blijkt nog altijd niet te zijn doorgevoerd.

Bestuurders, politici, trainers en andere betrokkenen lijken ieder hun eigen verklaring of oordeel over de oorzaak van het voetbalgeweld te hebben. Maar waar ligt de kiem van het geweld dat het dieptepunt van het Nederlandse amateurvoetbal inleidde? Hoog tijd om op zoek te gaan naar de sociale omgeving van de spelers van Nieuw Sloten: de wijk Slotervaart in Amsterdam.

DE MAROKKANEN
HEBBEN HET WEER GEDAAN

4

Op de straat ligt een hoopje vuilnis: een oud matras, een afgeleefd Perzisch tapijt, een verpakking van een waterkoker en een zwarte voetbaltas van sv Nieuw-West. Verderop staat een kapotte skelter. Aan de overkant van de straat rennen drie jongens met capuchons op langs een flat met ontelbare televisieschotels. Welkom in Slotervaart. In dit deel van stadsdeel Nieuw-West wonen zeven van de acht verdachte spelers van Nieuw Sloten. In wat voor wijk groeiden deze jongens op? Welke rol speelde hun achtergrond bij het geweld op het veld? Hebben we op het voetbalveld een Marokkanenprobleem? Een wandeling door een van de meest beruchte buurten van Nederland.

De gemiddelde bewoner van Nederland wordt misschien niet vrolijk in stadsdeel Amsterdam Nieuw-West. Woon je op het platteland of in een Vinexwijk, dan tref je in Slotervaart een compleet ander straatbeeld. Verouderde flats, drukte, djellaba's, dichte gordijnen, veel schotels aan de veelal uit vier etages opgetrokken wooncomplexen. Schotelcity wordt het hier ook wel genoemd. Slotervaart wordt doorkruist door de spoordijk waarover metro 50 rijdt en de trein van Schiphol naar Sloterdijk. Samen met Osdorp en Geuzenveld-Slotermeer maakt Slotervaart sinds 2010 deel uit van stadsdeel Nieuw-West.

Slotervaart is de wijk van Theo van Goghs moordenaar Mohammed B., van Bilal B., die twee agenten neerstak en vervolgens werd dood geschoten. Maar het is ook het stadsdeel van mensen van wie de achternamen voluit zijn geschreven. Van Tweede Kamerlid Ahmed Marcouch, stadsdeelvoorzitter Achmed Baâdoud en Tofik Dibi, voormalig Tweede Kamerlid van Groen Links, bijvoorbeeld. De Johan Cruijff van het Nederlandse ijshockey, Ron Berteling, groeide er op. Net als David Endt, die jarenlang de teammanager was van Ajax. Op het Delflandplein, precies naast het gedeelte waar de Ring A10 gaat afbuigen richting Schiphol, vierde Ajax menig kampioenschap in restaurant La Perche d'Or. Dat was van 'De goede beul' en voormalig assistent-trainer Bobby Haarms. Haarms is niet meer, net als zijn restaurant. Daar komt in december een filiaal van winkelketen Action, zo is te zien op een poster op het ruit. FC Chabab voetbalde zich een paar honderd meter verderop een weg naar de topklasse.

Bewoners groeten hier elkaar niet, zoals in andere delen van Nederland wel gebeurt. Alleen bekenden doen dat. Dan brengen de veelal Marokkaanse bewoners hun hand na het handen schudden naar het hart. Vaak gaat dat gepaard met een knikje. Zij, de migrantengezinnen, kwamen in de jaren '80 naar dit gedeelte van Amsterdam. Daarvoor was dit de buurt van leraren, ambtenaren en trambestuurders. Gezinnen uit de lagere middenklasse die de drukke binnenstad waren ontvlucht en kozen voor de ruimte van de hoofdstad.

Nieuw-West behoorde tot de Westelijke Tuinsteden: de naoorlogse uitbreiding van de stad door stedenbouwkundige Cornelis van Eesteren. Hier was 'licht, lucht en ruimte'. Langs de oevers van de Sloterplas stond in die tijd alleen nog maar riet en de Lelylaan was slechts een dijk. Voor de voetballers had je er Blauw-Wit, Aristos, Sport, BDK, Osdorp, Gold Star, SCZ'58 en ASV Slotervaart.

Inmiddels wonen in Nieuw-West 141.825 mensen. 76.057 Mensen hebben een Nederlands paspoort. De Turken zijn met 3.999 en 13.372 bipatriden een goede derde. Ongeveer 70.000 inwoners van Nieuw-West worden tot de niet-westerse allochtonen gerekend, een stuk meer dan de ruim 53.000 autochtonen. In totaal wonen 4.790 mensen in Nieuw-West met een Marokkaans paspoort. Daarnaast zijn er nog 23.410 inwoners van Nieuw-West die over meer dan één nationaliteit beschikken, de zogenaamde bipatriden. Opvallend is dat de helft van de mensen van Marokkaanse herkomst 24 jaar of jonger is. Bij de autochtonen is slechts een kwart jonger dan 24 jaar. Bijna 3.000 jongeren volgen lwoo-vmbo, ruim 1.200 havo en zo'n 900 vwo. De autochtoon verdiende er in 2010 gemiddeld 31.200 euro, de niet-westerse allochtoon 23.200 euro.

Aan de rand van het stadsdeel ligt sportpark Sloten, vooral bekend van voetbalvereniging FC Blauw-Wit Amsterdam en het Velodrome, van de wielerzesdaagsen. Maar dit is ook het thuis van sv Nieuw Sloten, de club van de verdachten. Op dit sportpark liep Nourdin Dibi, broertje van Tofik, samen met een collega, in de eerste maanden van 2013 rond in een lange zwarte jas. 'Fair play coach' stond erop. Zij hielden de sfeer op de velden van sportpark Sloten in de smiezen. Het was een initiatief van hun werkgever Sciandri Sportmanagement en deels gefinancierd door het stadsdeel. Dibi - stoere kop, sprekende ogen en flinke baard - werkt als sportbuurtwerker in deze omgeving en kent veel van de jongeren. Als er iets zou gebeuren tijdens een voetbalwedstrijd, dan zouden zij poolshoogte nemen en mensen aanspreken. Niet alleen bij Nieuw Sloten, ook bij de andere verenigingen. Maar er gebeurde niets, de ernst van de gebeurtenis in Almere leek goed doorgedrongen. Had Dibi er al in 2012 rondgelopen, dan had hij zeker afgeweten van de reputatie van de moeilijke B1 van Nieuw Sloten. De slechte naam van Slotervaart kent hij natuurlijk, hij groeide er zelf op. Voetbalde er op straat om later op het veld te schitteren bij de topamateurs van DWS en Chabab. Zulke gasten genieten haast vanzelf respect onder de jeugd. Want enig overwicht is bij het organiseren van sport- en spelactiviteiten wel zo handig.

Niemand kan een zinniger woord zeggen over de jeugd van Slotervaart dan sportbuurtwerkers, jonge kerels die met hun voeten in de modder staan. Ook Dibi werd begin december door de media gevonden, maar wat kon hij nou vertellen over een gebeurtenis waarvan hij haast niks afwist? Hij sloeg de verzoeken af. Zeker voor hem is het niet handig om dingen in de pers te vertellen die niet kloppen.

De media en Slotervaart zijn een moeilijke combinatie. Die komen alleen naar Slotervaart om stront te vertellen, vinden veel bewoners, de informatie is eenzijdig en vaak onjuist. Toch komen Marokkanen steeds vaker voor in de 'lijstjes van politie en justitie', zoals politici het vaak politiek correct noemen. Enkele jaren geleden was er in Slotervaart de zogeheten acht-tot-achtaanpak. In dat project werden tientallen jongeren die dreigden af te glijden van acht uur 's morgens tot acht uur 's avonds begeleid door jongerencoaches. Insiders uitten de afgelopen jaren hun zorgen over de stijgende lijn van overlast. De criminaliteit gepleegd door Marokkanen liet een verschuiving zien van overlast op straat tot betrokkenheid bij zware misdaad. De 'nieuwe Holleeder' zou een Marokkaan zijn, voorspelde de politie enkele jaren geleden. Van de Top-600, de lijst van meest criminele Amsterdamse jongeren, is bijna de helft van Marokkaanse komaf. Een kwart heeft een Surinaamse achtergrond en een op de tien is autochtoon. 65 Jongeren komen uit Nieuw-West, vergelijkbaar met stadsdeel West en Oost. De lijst telde in 2013 nog 345 jongeren, meldde *Het Parool*. De rest zat in detentie of zorginstellingen.

Slotervaart komt dus niet altijd even positief in het nieuws. Om die reden zag een collega van Dibi af van het geven van een interview. Dibi ziet geen kwaad in een wandeling en een gesprek. Onderweg, van station Heemstedestraat, via de Staalmanbuurt naar Nieuw-Sloten, vertelt hij het een en ander over zijn werkgebied. Hoe erg is het, is de eerste ondubbelzinnige vraag. 'Het valt mee. Veel jongens zijn bezig met sport en school. Nu zien wij ze natuurlijk vooral tijdens het sporten, wat leuk is. Het andere gedrag zien wij niet. Maar je ziet wel wie er een grote bek heeft.' Straatschoffies met een grote mond zijn er in de Staalmanbuurt genoeg, zegt hij. Deze buurt, ingeklemd tussen het spoor en het Slotervaartziekenhuis, is berucht. Veel criminaliteit, overlast, kinderen die 's avonds laat nog op straat lopen. Dat gebeurt vooral op en rond het asfaltveldje met stalen doelen aan de Wilhelmina Druckerstraat, waar overdag twee groepjes jongens voetballen. Een jochie draagt een Marokkaans voetbalshirtje van Oussama Assaidi, de Marokkaanse Amsterdammer die vorig jaar voor veel geld verhuisde van sc Heerenveen naar de Engelse topclub Liverpool. Het voetbalveldje wordt omringd door grasheuveltjes en een kabelbaantje. Dit gedeelte is vernieuwd, compleet met camerabewaking. Aan de andere zijde van het plein staat nog de oorspronkelijke bebouwing. Daar, door een tunneltje onder woningen aan de Elisabeth Boddaertstraat, bereik je het sterk verouderde Abraham Staalmanplein. Een drietal Marokkaanse mannen staat er te kletsen. Voor de snackbar op de hoek stoeien twee jongens. 'Ik sla je helemaal kapot,' bluft de ene. Ze kijken om zich heen, om te kijken of iemand hun stoeipartij heeft gezien en hun stoere grapjes heeft gehoord. In dit gedeelte van Slotervaart is het niet altijd even makkelijk werken, vertelt Dibi, maar hij benadrukt dat de overlast van een kleine groep komt. 'Er zijn kinderen om wie je je zorgen maakt. Die tot laat buiten zijn, geen respect tonen.' Hij maakte het mee toen hij met een groep leerlingen van het Mondriaan College ging zaalvoetballen in Sporthallen Zuid. 'Ze hadden totaal geen respect voor de halbeheerder. Ze mochten niet met de bal in de gang, maar deden dat toch en begonnen die man ook nog uit te dagen.' Dibi en consorten moesten ingrijpen.

Van de Staalmanbuurt, waar onder anderen het gezin van verdachten van het voetbalgeweld Yassine en zijn vader El-Hasan woont, gaat de wandeling langs het Slotervaartziekenhuis richting Nieuw-Sloten, de nieuwbouwwijk. Hier is zeker sprake van het oude ideaal van 'licht, lucht en ruimte'. Wie hier geblinddoekt naar toe wordt gereden en na het losmaken van de doek om zich heen kijkt, zou zomaar kunnen denken dat hij in Hoofddorp is. Of Leidsche Rijn of Almere. Nieuwbouw, groen en ruimte. Heel anders dan de Staalmanbuurt, waar de oorspronkelijke bebouwing langzaam wordt vervangen door nieuwbouw.

We houden halt bij het Kasterleepark, een uitgestrekt grasveld met talloze speelmogelijkheden pal naast winkelcentrum Belgiëplein. Kinderen spelen in de speelrekken, jeugdige scooterrijders suizen langs of stoppen op een straathoek om te hangen. Een fijne buurt, vindt Dibi. Prettiger dan de Staalmanbuurt. 'Hier kan je zonder problemen activiteiten organiseren. Er is ook veel meer een mix met Nederlanders. Hier zie je zelfs Marokkanen die verkaasd (vernederlandst) zijn. Met hen is het fijn werken. Bij de Staalmanbuurt moet je corrigeren, jagen de oudere kinderen de kleintjes weg, dagen ze uit. Een kaaskop maakt daar weinig kans. Je moet wel een straatmentaliteit hebben. Ik heb ze ook moeten aanpakken.' Is dat lastig? 'Je wordt getest. Een vrouwelijke collega is weggejaagd door kinderen tot twaalf jaar. Ze werd sjattertje genoemd, dat is straattaal voor hoer. Maar ze kende die woorden niet en daar werd ze onzeker van. Ze kreeg een burn-out en uiteindelijk is ze ontslagen.'

Niet altijd een prettige buurt om te werken dus, maar Dibi doet het werk graag. Daags na de dood van Nieuwenhuizen ging door de straten van Slotervaart het gerucht dat de vlaggenist een White Power-petje droeg tijdens de wedstrijd. Maar dat blijft bij een roddel. Geen van de advocaten brengt het naar voren en ook bij Buitenboys weten ze er niets vanaf. Verder gaat het verhaal in Slotervaart dat Nieuwenhuizen de spelers van Nieuw Sloten 'Kutmarokkanen' had toegeblaft. Of zelfs sloeg met zijn vlag. Dibi en collega's, dagelijks op de straten en pleinen te vinden, hoorden die verhalen natuurlijk ook. De roddels gingen als een lopend vuurtje. Of ze waar waren, was voor sommige buurtbewoners van ondergeschikt belang. Zij toonden op Twitter hun steun aan de verdachten. 'Free Yassin D', 'Free YD' of 'Free Daveryon' werd getwitterd, alsof het helemaal niet zo gek was dat een volwassen man, die voor zijn zoon en teamgenoten vlagde, schoppen had gekregen. Soldaten werden de verdachten genoemd. Een enkeling maakte van YassinD zijn bionaam, maar het account @freeyassind ging Twitter te ver, viel te lezen: 'Sorry, die gebruiker is opgeschort'. Twee leerlingen van het Huygens College, de school van Yassine en Daveryon, die zich op Twitter goedkeurend hadden uitgelaten over de daden van de verdachten, werden door hun school geschorst. Wie die week verder zocht naar namen van verdachten van het drama in Almere kwam terecht in een ongekende drek van meningen en scheldpartijen. De sociale media verwerden zo tot een nieuwe variant van de keukentafel: eenieder gaf zijn mening, alleen niet meer in de beslotenheid van de keuken. Wie zijn tweets niet afschermt, twittert in het openbaar. Zo kwamen 'tweeps' die schreven dat het weer de Marokkanen waren die zich schuldig maakten aan misdragingen lijnrecht te staan tegenover de sympathisanten. 'Gedraag je of optiefen naar je eigen land' versus 'elke racist mag reageren en naar Heemstedestraat komen'. Heemstedestraat is een verkeersader die overgaat in de Plesmanlaan.

Deze wegen verbinden het einde van Nieuw-West met Oud-Zuid. Aan weerszijden van deze drukke verbindingsweg wonen verschillende verdachten. Daveryon, die met de keeper vocht, doet zelf de deur open in een van de nieuwbouwflats in het oude gedeelte. Hij draagt een Ajax-trainingspak, met de capuchon over zijn hoofd. 'Ik kende ze niet,' zegt hij over zijn medespelers. 'Eentje. Ik speelde er pas dit seizoen.' Veel wil hij niet kwijt. Met mensen van de club heeft hij geen contact. Dat het goed met hem gaat, is het laatste dat hij kwijt wil.

Praten over heikele kwesties in Slotervaart is lastig. Het lijkt wel of iedereen hier alles zwart-wit ziet, of wij-zij. Die tweestrijd komt een zorgcoördinator van Marokkaanse komaf uit Slotervaart heel bekend voor. Hij wil liever niet bij naam worden genoemd. 'Hier wordt gezegd dat de grensrechter maar niet had moeten zwaaien met de vlag. Er zijn mensen die honderd procent achter de verdachten staan. Die vinden dat hen niets wordt gegund, zoals stageplekken. Zij zitten met wrok, zeggen: "goed voor hem". Dat is heel hard, maar zij willen niet als *shekkem*, verrader, worden gezien. Zij vinden zelfs Marokkaanse politici of woordvoerders verraders. Zij denken heel erg in wij-zij.'

Het is een bekend beeld voor sociologen. Wij tegen zij komt in elke cultuur voor, het is 'de aard van het beestje', de mens, zegt de eerder genoemde socioloog Bas van Stokkom. 'Waar vijandigheid is, komt wij-zij om de hoek kijken. Verschil in kleur, etniciteit, kortom anders zijn. Ieder mens denkt wij-zij, elke cultuur kent die vorm van uitsluiting.' Dat zegt ook pedagoog Peter Cuyvers: 'Het is het verhaal van de Hutu's en Tutsi's. Of de christenen en de heksen, de moslims en de ongelovigen. Onze hersens kunnen heel klinisch denken: 'dat is een onmens'. Dat gebeurt vanuit het groepsdenken. Dan vervallen de rechten van de andere groep.' Aan het feit dat er jongeren zijn die de handelingen van de verdachten goedpraatten, moeten we volgens hem niet al te zwaar tillen. 'Kinderen die die tweets versturen, koppelen hun gedrag aan zelfverdediging. Dan is het uitlegbaar: "de scheidsrechter was tegen ons" of "ze moeten ons altijd hebben". De individuele verantwoordelijkheid vervalt. En de drempel voor immoreel gedrag vervalt.'

Dat die drempel ook in Amsterdam-West kan vervallen, beschreef Hans Werdmölder, lector Jeugd en Veiligheid aan de Avans Hogeschool, in zijn boek *Marokkaanse lieverdjes*. Alleen voelde hij er weinig voor om over het onderwerp te praten. Zijn ingezonden brief die in *De Volkskrant* stond, leverde hem nogal wat negatieve reacties op. Twee passages uit het artikel: 'De daders zijn jongemannen die in een machocultuur zijn opgegroeid. In die cultuur ben je een slappeling als je een stap terugzet of onbekend Nederlands gezag accepteert. In een groepscultuur moet je ook reageren op ongewenste opmerkingen of commentaar, anders ben je het lachertje van de dag. (...) De betrokken verdachten zijn vaak Marokkaanse jongemannen. Ze zijn in Nederland geboren en getogen, van huis uit krijgen zij een zeer negatief beeld mee over de Nederlandse samenleving. Dit type jongens tref je aan op plekken met concentraties van Marokkanen of Antillianen, zoals in Amsterdam-West. Ze hebben schijt aan de regels. Een autoriteit, anders dan van de vader, broer of familieoudste, wordt niet geaccepteerd. Waarom zou je integreren in een samenleving die je niet ziet zitten.'

Tamelijk stellig dus, en door de reacties had Werdmölder weinig trek om een en ander toe te lichten. Ook in zijn boek is hij niet mals over Marokkanen. Werdmölder haalt de straatcultuur aan, de grote bek en het machogedrag om respect te verwerven binnen de groep. De veronderstelde vijand, de zij-groep, is de autochtone Nederlander. Die kan het volgens Werdmölder maar beter laten de Marokkaanse jongere te corrigeren, want dat kan leiden tot onbeschoft, aanstootgevend en agressief gedrag. 'De Nederlandse autochtoon wordt immers gezien als een vertegenwoordiger van een discriminerende samenleving. (...) Provocerend gedrag straalt een zekere minachting uit. Ze vinden Hollanders maar slappelingen. Wanneer zo'n slappeling de ander in het publieke domein corrigeert en ook nog een beroep doet op respect, dan voelt een jonge trotse Marokkaan zich diep beledigd. Hij gaat door het lint.'

Ook criminoloog/socioloog Jan Dirk de Jong schreef een boek over 'Marokkaanse' jongeren. 'Marokkaanse' zette hij in *Kapot moeilijk* steevast tussen aanhalingstekens, omdat de meesten 'gewoon' in Nederland waren geboren. De Jong deed onderzoek naar opvallend delinquent groepsgedrag. Een ding merkte hij op: de wij-zijgevoelens zijn bij Marokkaanse jongeren alom aanwezig. Zij zoeken vooral elkaars aanwezigheid op en kunnen in deze groepsdynamiek de buitenwereld als vijand zien. Een voorbeeld hiervan is het bekende verhaal van de onvrede van Marokkaanse jongeren die worden afgewezen voor stageplekken. Hun afkomst zou daarvan de reden zijn. Door hun gedeelde identiteit en gevoelens van tweederangsburgerschap, hebben zij het gevoel op elkaar te zijn aangewezen, schrijft De Jong.

Om respect, erkenning en waardering te krijgen, zoekt een jongen naar welke waarden binnen een groep gelden. Levert bepaald gedrag of een actie positieve reacties op, dan weet hij dat op die manier status binnen de groep kan verdienen. Desnoods is daar geweld of ander crimineel gedrag voor nodig. De Jong schrijft: 'In vluchtige processen van groepsvorming kunnen 'Marokkaanse' jongens gemakkelijk verstrikt raken in elkaars (verkeerde) veronderstellingen en gedragsverwachtingen. Op die manier kan een zichzelf versterkende spiraal van overlastgevend of crimineel groepsgedrag ontstaan.' De kans bestaat dan dat ook jongeren die aanvankelijk geen kwaad in de zin hadden, zich laten meeslepen en betrokken raken.

De vraag is hoe De Jong het drama in Almere ziet. Hij liep immers mee met jongens van dezelfde leeftijd uit hetzelfde stadsdeel. Van de verdachten kent hij niemand, vermoedt hij. Sowieso zouden het 'broertjes van' moeten zijn, want de jongeren die hij onderzocht zijn inmiddels dik in de twintig. De Jong denkt dat de agressiecultuur, de machocultuur die om het voetbal heen hangt, een variant is van de straatcultuur. Voetballers moeten van zich afbijten, mogen zich geen mietje tonen. 'Dat soort waarden zitten erin,' zegt De Jong. 'Het is geen breiclubje. Als dat het fundament is, is de vraag of er versterkende factoren zijn die een rol spelen in de escalatie. Culturalisten, zoals Werdmölder, zeggen dat de Marokkaanse cultuur de hoofdfactor is. Wij sociologen kijken naar andere zaken, zoals wij-zijverhoudingen. Team a tegen team b. Spelers tegen scheids.'

Volgens de criminoloog kunnen vier versterkende factoren aan de basis liggen van het feit dat het bij het voetbal escaleert: de eerste factor is uiterlijk. Dat kan het voetbaltenue zijn of etniciteit. De tweede component is nabijheid: kennen die jongen elkaar uit de buurt? Ook van belang is of sprake is van het stempel 'minderheid' en de vierde factor is of er sprake is van een concreet groepsconflict. De Jong: 'Zijn dergelijke verschillen er, dan worden zij hechter en loyaler naar elkaar toe. Ze nemen het voor elkaar op, komen voor elkaar op en zijn sneller in staat de buitenwacht te dehumaniseren of geweld aan te doen. Ze scheren dan de zij-groep over een kam.' Bovenstaande zou het geval geweest kunnen zijn bij Buitenboys-Nieuw Sloten. De Jong vertelt dat Marokkaanse jongens zich in zulke situaties soms een geuzenidentiteit aanmeten en van iets negatiefs iets positiefs maken. Uit de onderlinge gesprekken tussen de jongeren haalde de onderzoeker de titel van zijn boek. 'Kapot moeilijk' betekent zoiets als wij zijn vet stoer, of ongelofelijk cool. De Jong: 'Misschien wilden die jongens van Nieuw Sloten het moeilijkste team van Amsterdam zijn, maar dat weet ik niet.'

Óf dat zo is, is lastig te zeggen. In elk geval lijkt het erop dat aanvoerder Yassine wel op een dergelijke 'titel' aanspraak wil maken. In een filmpje van Pownews is op 10 september te zien hoe hij opschept over zijn leven in de jeugdinrichting. Samen met anderen pocht hij over de hasj die ze naar binnen hebben weten te krijgen, over de veroverde sleutel van de groepsleiding en de vrouwelijke groepsleiders die ze het bed in hebben gekregen. Of er sprake is van opschepperij of waarheid, is onduidelijk. In elk geval is het goed mogelijk dat Marokkanen zich in groepen laten meeslepen, zegt De Jong. Dat zou ook op 2 december het geval geweest kunnen zijn. 'De kans dat het bij Marokkaanse straatjongens uit West die voetballen tegen een Hollands team zo extreem uit de hand loopt, is groter dan wanneer bijvoorbeeld een ploeg asociale blanken die wedstrijd zou spelen. Dat heeft te maken met die versterkte wij-zijverhouding en een verheviging van groepsdynamiek.'

Het vermeende uitdagen van Nieuwenhuizen zelf zou ook een rol hebben kunnen gehad in de escalatie van geweld, denkt De Jong. Het hoeft niet altijd zo te zijn dat iets waar is. Als eentje een akkefietje had en zegt dat Nieuwenhuizen Kutmarokkanen had gezegd, dan is dat al snel zo voor de rest. 'Zij vragen elkaar niet om bewijs,' zegt De Jong. 'Hun hele leven is wij-zij. Als alle schakeltjes zijn verbonden, kan de stroom gaan lopen.' Omdat ook niet alle spelers van Nieuw Sloten elkaar goed kenden, kan het volgens De Jong goed mogelijk zijn dat onzekerheid heeft bijgedragen. 'Als een jongen escaleert en een ander valt hem bij, dan volgt de rest dat voorbeeld omdat dat positief valt in de groep. Dan kan een escalatie van geweld volgen en daarvan kan het incident met Nieuwenhuizen een voorbeeld zijn. Die onzekerheid kan erger worden als de begeleider niet duidelijk is naar zijn troepen in vijandig gebied. Dat zou het geval geweest kunnen zijn, gezien het feit dat de vader van een van de jongens ook was betrokken.' Dat van de acht Nieuw Slotenspelers maar één een strafblad had, maakt niks uit. 'Veel van de jongens die ik in *Kapot moeilijk* heb opgevoerd, hadden ook geen strafblad.'

Hoe zit het nu met de culturele achtergrond? Speelde die een rol in het geweld? PVV-voorman Geert Wilders vindt van wel. Hij is er na de dood van Nieuwenhuizen als de kippen bij om te spreken van een 'Marokkanenprobleem'. Het door zijn partij aangevraagde debat, helpt de PVV geen steek verder. Het zogenaamde 'Marokkanendebat' wordt door weinig politici serieus genomen. De opmerking van de PVV-leider moet in deze context gezien worden als 'politiek scoren', zegt socioloog Van Stokkom. 'Wilders generaliseert naar een hele moslimgemeenschap, die bovendien een uiteenlopend en versnipperd geheel is.' In zijn boek *Wat een hufter!* schrijft hij: 'Politici lijken steeds vaker incidentenpolitiek te bedrijven, volgens het stramien van morele paniek en spelen in op de verontwaardiging die mediaberichtgeving over ontsnapte tbs'ers, kinderporno, voetbalgeweld en andere emotionele kwesties teweegbrengt. Met de hete adem van de samenleving in de nek lijken zij steeds meer vertolkers van populistische gevoelens te zijn geworden.'

Toch zeggen veel politici dat Marokkanen vaak voorkomen in 'lijstjes waarin je niet wil zitten', zoals minister Schippers het op politiek correcte wijze verwoordt bij Pauw & Witteman. Wat zeggen die lijstjes dan over de culturele achtergrond? Op die vraag zoekt PvdA-Kamerlid Diederik Samsom in 2011 ook antwoord. Hij loopt een jaar lang in het geheim mee als straatcoach in Amsterdam. Zijn conclusie is dat Marokkanen een monopolie hebben op overlast. 'Het klopt dat het vooral Marokkanen zijn. Deze jongens hebben door een samenloop van omstandigheden een etnisch monopolie op dit soort overlast gekregen,' laat hij in NRC optekenen. Samsom was getriggerd door de verhalen in de media en wilde het aan den lijve ondervinden. 'Nu weet ik het. Dat triomfalisme bij die jongens, de wetenschap dat ze zich onaantastbaar voelen, en dat ook zijn. Dat gaat door merg en been. (…) Het tast het zelfvertrouwen van de politie aan, het zelfvertrouwen van Nederland.'

Het lijkt er dus wel degelijk op dat er een relatie is tussen Nederlandse Marokkanen en overlast of 'het voorkomen in criminele lijstjes'. Dat verband is in ieder geval niet oorzakelijk en afhankelijk van meerdere factoren. Zo is de plek waar de (vaak jonge) Nederlandse Marokkanen wonen van invloed, net als de nabijheid van andere groepsgenoten. De interactie met anderen lijkt van grote invloed. Het maakt dus nogal wat uit of je een Marokkaan bent uit een grote stad of uit Woerden of Bennekom.

Gebeurt er daadwerkelijk iets, dan zal de Marokkaan ontkennen om de familie niet in verlegenheid te brengen. Ook uit *Marokkaanse Lieverdjes*: 'Dan kun je nog beter alles ontkennen. Binnen de wereld van politie en justitie is de jonge Marokkaan als 'ontkennende verdachte' een bekend begrip. Ook wanneer alle feiten erop wijzen dat de Marokkaanse verdachte het delict heeft gepleegd, blijft hij hardnekkig ontkennen. "Woella, ik zweer het, ik heb het niet gedaan.".'

Het zijn precies dezelfde woorden die Mohamed gebruikt als hij zijn moeder op zondagavond 2 december vertelt over de wedstrijd tegen Buitenboys en het vermeende schoppen van de grensrechter. Dat vertelt zijn moeder als ze na het aanbellen de deur van hun woning in Slotervaart opendoet. Aanvankelijk wil ze niks zeggen. Ze is het Nederlands niet helemaal goed machtig en de jongste van haar vier dochters, die naast haar staat, vertaalt zo nu en dan haar Arabische woorden. Over een gesprek over haar zoon, zijn rol op 2 december, de opvoeding en andere zaken wil ze best nadenken. Maar ze lucht direct haar hart. Ze wordt emotioneel, de tranen glijden over haar wangen, haar stem is hoog. Mohamed deed ICT niveau 4 op het ROC, vertelt ze, en hij werkte bij Albert Heijn. 'Maar nu zit hij vast en is hij alles kwijt. Hij zit daar tussen echte criminelen en kan niet eens onderwijs volgen.' Ze doet haar verhaal in een fleurige jurk met roze, gele en witte accenten. Boven haar tranen heeft ze een zwarte hoofddoek. Mohamed is haar enige zoon. Een jongen die nooit voor problemen zorgde, zegt ze. 'Ga maar vragen in de straat. Hij kwam weleens te laat op school, maar niet vaak. Nee, we hebben nooit problemen met hem gehad, echt niet.' Mohamed was geeneens lid van Nieuw Sloten, vertelt ze. 'Ze vroegen weleens of hij mee kwam trainen. Dat moet voordat je lid kan worden. Die dag hadden ze te weinig spelers en vroegen hem of hij mee wilde doen. Hij zei: "Nee, kan niet, ik ben geen lid", maar hij is toch gegaan. Toen Mohamed thuis kwam, vertelde hij over die grensrechter, dat die de hele tijd aan het vlaggen was. Verder niets. Maar 's avonds kreeg ik een telefoontje: of ik al had gehoord dat die man in coma lag. Ik heb meteen aan Mohamed gevraagd wat hij had gedaan. Hij zei: "Ik heb niks gedaan mama, echt niet. Ik zweer het, ik heb niks gedaan". Ik geloof hem.' De familie is zwaar getroffen, zegt ze. Haar moeder in Marokko is ziek geworden en haar oudste dochter zit in het laatste jaar van het HBO, maar loopt vertraging op, omdat ze zich niet kan concentreren. 'Waarom mocht Mohamed het proces niet hier afwachten? Dat hij overdag gewoon naar school kon en 's nachts vast?

Wat moet hij doen over twee jaar? Studie kan niet, een uitkering aanvragen? Zijn hele leven is weg.'

Van een langer gesprek zag de familie later af. Ook de families van de andere Nieuw Slotenspelers hadden weinig trek in een gesprek. Bestuurslid Wim Snoek van Nieuw Sloten wilde ook geen uitspraken doen over het team en het incident. 'Dat heeft geen toegevoegde waarde.' Die mening is ook arbiter Erwin Tins toegedaan. 'Ik wil het achter me laten. Ik heb mijn verhaal gedaan bij de rechter-commissaris over hoe ik de wedstrijd heb beleefd en voor mij is het klaar. Ik hoop het nooit meer mee te maken.' Ook trainer Moos Banjaktoetoer van Nieuw Sloten B1 en andere aanwezigen voelden er weinig voor om het een en ander te zeggen.

Wie wel wat wil vertellen over de impact van het drama is de broer van El-Hasan, en oom van Yassine. Mourad (zijn achternaam is in verband met de privacy van zijn familieleden weggelaten) is zelf jarenlang werkzaam geweest in het voetbal als trainer. Tot 2008. In dat jaar gaf hij als hoofdtrainer van derdeklasser Sporting Maroc de scheidsrechter een kopstoot. Het gevolg was een schorsing van vijf jaar waarin hij geen stap op een voetbalaccommodatie mocht zetten. Over dat voorval zegt hij: 'Iedereen was verbaasd. Het was emotie, een momentopname. Het kon niet door de bocht, ik was te ver gegaan. Ik had gelijk spijt en heb direct mijn excuses aangeboden.' Hij noemt zichzelf een beschaafde, hardwerkende vader, maar na dat incident zagen mensen hem als een crimineel. Terwijl hij, naar eigen zeggen, in de negen jaar daarvoor als trainer nog nooit een gele kaart had gekregen.

Mourad vertelt dat het niet goed gaat met zijn broer. 'Hij heeft niets gedaan. Als hij iets gedaan had en gestraft zou worden, prima. Mensen die wat gedaan hebben, moeten worden gepakt. Dat Yassine vastzit, is terecht. Daar kan ik mee leven. Hij heeft geschopt en dat toegegeven. Hij moet gestraft worden.' Hij vertelt dat de familie het vertrouwen in de Nederlandse rechtsstaat heeft verloren. Ze voelen dat hen onrecht is aangedaan. 'Nederland is een democratisch land, maar dat blijkt achteraf niks te zijn. Het is een derdewereldland, dat gevoel hebben wij. Alleen de zoon van Nieuwenhuizen heeft gezegd dat El-Hasan wel geslagen heeft. Heel veel anderen zeggen dat hij kwam om te sussen.'

Het klopt niet dat alleen Mykel El-Hasan aanwees als de vader die sloeg. Volgens de rechter zijn er vijf getuigen geweest die El-Hasan hebben zien slaan. Mourad zegt dat het verdriet in de familie enorm is. 'Mijn broer heeft kinderen thuis. Als je vader niks heeft gedaan en zes jaar celstraf krijgt, is dat het ergste wat je kan overkomen.' Yassine is de middelste van drie zoons. El-Hasan heeft ook nog een dochter. 'De andere twee jongens zijn gestopt met voetballen. Een speelde in de A2, de jongste in de D'tjes. Ze durven niet meer. In het begin was het nieuws elke dag op het Jeugdjournaal. De jongste wilde niet meer naar school. Elke keer als het Jeugdjournaal kwam, ging hij naar een ander lokaal.'

Bij elk nieuw voetbalincident wordt het drama met Nieuwenhuizen door de media teruggehaald. Zeer pijnlijk voor de familie, zegt Mourad. Hij wil dat de familie, net als de nabestaanden van Nieuwenhuizen, rust krijgen. Veel criticasters, zoals Ajaxtrainer Frank de Boer, twijfelden daags na de dood van Nieuwenhuizen openlijk aan de hedendaagse opvoeding. Maar aan de opvoeding die de werkloze El-Hasan zijn kinderen gaf, mankeert niets, zegt Mourad. 'De kinderen van mijn broer zijn goed opgevoed. De oudste doet HBO, is een rustige jongen. De dochter is lerares. Je kan het aan de buurt vragen. Er is niks mis met de opvoeding. Yassine deed VMBO kader, is een rustige jongen, alleen wordt hij snel kwaad. Maar hij is geen nare jongen.'

Dat is niet het beeld dat blijft hangen na het zien van het Pownews-filmpje, waarin hij met twee andere gedetineerden in de jeugdgevangenis opschept over de hasj, de sleutel van de groepsleiding en de vrouwen die ze hebben weten te veroveren. Het item deed het imago van de 'doodschopper', zoals Pownews hem neerzette, uiteraard geen goed realiseert ook Mourad zich. 'Het was een grap, zei hij. Ze hadden praatjes, deden een beetje gek. Zo ken ik hem ook niet. Hij is een rustige jongen,' zegt Mourad. 'Hij heeft er spijt van, maar daar koop je achteraf niks voor. "Waar rook is, is vuur," zeggen mensen nu. Als je hem niet kent, denk je dat hij een slechte jongen is.'

Mourad kent zijn neef als een goede jongen, maar hij weet niet of dat nog zo is als Yassine vrij komt. Hij houdt zijn neef de hand boven het hoofd. 'Het is niet de schuld van de jongens die vastzitten, maar van de medewerker. Als ik word gefouilleerd, kan ik niks mee naar binnen nemen. De telefoon en de hasj moeten van een medewerker zijn. Yassine rookt ook niet.' Mourad vergoelijkt het gedrag van zijn neef, maar het is toch echt Yassine zelf die zichzelf neerzet als een soort gangster die in de jeugdinrichting doet en laat wat hij zelf wil. Wellicht heeft hij zich laten meeslepen in de stoerdoenerij. Dat is in elk geval wel wat er gebeurde op 2 december, toen hij verzeild raakte in een ordinaire matpartij met een volwassen man, meent zijn oom. Mourad zegt dat Yassine niet de aanstichter is geweest, maar is mee gaan doen met de rest. 'Dat kan iedereen overkomen. Als er ruzie is, willen jonge jongens laten zien wie de sterkste is. Ze willen laten zien dat ze kerels zijn. Dat is niet goed, ik keur het af. Sport moet sportief zijn met winnaars en verliezers. Je geeft een hand en bedankt, ook als er iets gebeurd is. Maar wat is de oorzaak? Dat willen we weten.' Mourad heeft gehoord dat Nieuwenhuizen na de wedstrijd dreigde tanden kapot te slaan en met de vlaggenstok sloeg. 'Hij was de beginnende oorzaak. Zo is het begonnen. Die jongen waren heel brutaal. Dat zei mijn broer ook. Maar Nieuwenhuizen vlagde bij elke aanval.'

De politici, sportbuurtwerker Nourdin Dibi, criminoloog Jan Dirk de Jong en culturalist Hans Werdmölder: allen schetsen een weinig positief beeld van Marokkanen in Amsterdam, Nieuw-West om precies te zijn. Zegt dat iets over alle Marokkanen in Nederland? Nee. Net zo min als dé Nederlander bestaat ook dé Marokkaan niet. De anonieme zorgcoördinator denkt niet dat het geweld is gerelateerd aan Slotervaart. 'Wel aan achterstandswijken en achterstandsgezinnen. Dus ook voor andere delen van Amsterdam. Er is weinig toezicht in de thuissituatie, ook omdat er in sommige families acht kinderen zijn.'

Maar dat wil nog niet zeggen dat Marokkanen, uit wat voor wijk ze dan ook komen, verantwoordelijk zijn voor een groot deel van het geweld, of specifieker, het voetbalgeweld. Het is wel zo dat voetbalgeweld vaker bij clubs uit volksbuurten voorkomt, zegt antropoloog Verweel. 'Ik heb cijfers van de KNVB geanalyseerd. Een kwart van alle incidenten vindt plaats bij slechts tien procent van alle verenigingen.' Lang niet alles dus. 'Driekwart van de incidenten gebeurt dus bij de middenklasseclubs, de keurigste verenigingen, boeren en nog ergens anders. Het is dus niet een typisch verschijnsel van volkswijken of een Turks of Marokkaans probleem. Het gebeurde tientallen jaren geleden in volkswijken ook al. Toen ik jong was, speelde ik bij een christelijke vereniging waar een spits elk seizoen wel vijf keer uithaalde. Wij sprongen nooit bij. Maar een Marokkaan die niet helpt, wordt daarop aangekeken. Daar is de groepsdynamiek veel belangrijker.'

Dus het zijn eerder de wetten van de straat in de volkswijk die de basis vormen voor het geweld. Van Stokkom zegt dat (Marokkaanse) jongeren die voor overlast zorgen, hier thuis niet op worden aangesproken. 'Zij gaan de straat op waar geen controle is. Het lijkt erop dat Marokkaanse jongeren overgeëmancipeerd zijn. Recht voor je raap en van je afbijten zijn Nederlandse normen en waarden en die jongeren gaan nog een stukje verder. Die gaan provoceren.' Toch is het niet alleen een Marokkaans probleem, zegt hij: 'Dit geweld kan ook bij een autochtoon, volks voetbalteam voorkomen. Dit gebeurt in Brabant ook, en daar zit geen Marokkaan tussen. Het zijn straatnormen, mannelijke normen. Het is van alle tijden.'

Maar het heeft er alle schijn van dat de groepsprocessen en wij-zijgevoelens, zoals die door de onderzoekers De Jong en Werdmölder zijn beschreven, een grote rol speelden: een groepje pubers dat alleen al door het voetbaltenue anders is dan de tegenstander, zich wellicht ook door afkomst anders voelt en door een autochtone man, met wie de jongens niets te maken hebben, worden aangesproken op hun gedrag. Het lijkt de lont in het kruitvat. Het plaatje was voor veel Nederlanders in de weken na 2 december overzichtelijk en het verhaal klonk logisch. Velen uitten maar wat graag hun mening, met name op internet. Voor hen was duidelijk dat deze Marokkaanse jongens Nieuwenhuizen hadden doodgeschopt en wilden keiharde sancties. Een enigszins begrijpelijke gedachte: wij willen nu eenmaal dat daders van een delict gestraft worden. Oog om oog, tand om tand. Alleen waren ze op dat moment nog slechts verdacht. Dat die verdachten Marokkanen waren, hielp niet bepaald mee. Socioloog Van Stokkom schreef in verschillende wetenschappelijke tijdschriften over de beeldvorming ten opzichte van moslims. Die is niet bepaald positief. Veel autochtone Nederlanders hebben een negatief beeld van hen en die afwijzing gaat bijna altijd gepaard met vooroordelen. De autochtoon weet lang niet alles over de islam, maar een hoofd-doekje of djellaba irriteert hem. In dat geval komt weer het bekende principe van wij-zij naar boven. Zwart-witdenken is dus ook de autochtoon niet vreemd. Kortom, tel het negatieve sentiment jegens Marokkanen en de gevoelens van strafvergelding bij elkaar op, en het plaatje voor de onderbuik van Nederland is klip en klaar: de Marokkanen moeten hangen.

Dat gevoel bekruipt ook de vader van Othman, als het proces tegen zijn zoon en de andere verdachten van start is gegaan. 'Iedereen wil de Marokkanen opgesloten zien worden. Alles wordt op een hoop gegooid,' zegt hij in de pauze van de laatste dag van de rechtszaak. Dat Daveryon en Fady geen Marokkanen zijn, maar respectievelijk van Antilliaanse en Egyptische komaf, is dan allang niet meer van belang.

'ER STAAT NU NIEMAND MEER LANGS DE LIJN'

5

Als rechter Anja van Holten de straf voorleest, stijgt het zuinige geluid van een eenmansapplaus op. Verraste blikken gaan rond in de druk bezette rechtszaal. Waar komt het geklap vandaan? Het komt van de voorste rij, waar verdachte Yassine D. zijn handen tegen elkaar drukt voor een cynisch applaus. Hij hoort dat zijn vader een gevangenisstraf van zes jaar krijgt. Met aftrek van voorarrest. Dat dan weer wel. Niettemin een keiharde klap. 'De hele maatschappij is geschokt en dat geldt ook voor buiten de landsgrenzen,' preekt rechter Van Holten. El-Hasan legt zijn hand op de onderarm van zijn zoon en maant hem tot kalmte. Het is het verrassende einde van een proces dat al vanaf de eerste dag moeizaam verloopt.

O p maandagmiddag 11 maart 2013 wandelt de driekoppige rechtbank de bordeauxrood geverfde zaal E van de rechtbank in Lelystad binnen. Daar, pal naast het treinstation van de hoofdstad van Flevoland, is een pro-formazitting in de strafzaak tegen de acht verdachten in de zogenoemde 'grensrechterzaak'. Een zaak tegen zeven jongens en één vader die ervan worden verdacht een rol te hebben gespeeld in de mishandeling van grensrechter Richard Nieuwenhuizen op 2 december 2012. Nieuwenhuizen bezweek een dag later aan zijn verwondingen.

Families, advocaten, tolk, bodes, officier van justitie, rechters en griffier vullen de ruimte. In de zaal ernaast zit een twintigtal journalisten. Opmerkelijk. Zeven van de acht verdachten zijn immers minderjarig. Hun zaak zou daarom achter gesloten deuren moeten plaatsvinden, maar de dood van de grensrechter heeft voor zoveel maatschappelijke onrust gezorgd dat de rechters voor een openbare zitting kiezen

Alle aanwezigen staan op, zoals gebruikelijk. De verdachten kijken direct naar boven, waar de nabestaanden in een aparte ruimte zitten. Ze dragen de kleren die jongens dragen: een capuchontrui of een T-shirt. Ze tonen zich maar kort onder de indruk van de sfeer in de zaal. Al gauw zit een enkeling onderuitgezakt in z'n stoel. Al binnen tien minuten bereikt het proces de kern van de zaak. Het is niet duidelijk wat er precies is gebeurd. Wel beschouwd is er niet heel veel bewijs. Er zijn foto's van de zus van Buitenboyskeeper Nando en een toeschouwer op het andere veld en daarnaast tientallen getuigenverklaringen. Maar dat is het wel zo'n beetje. 'Er is geen helder scenario,' zegt Margje van Weerden, advocate van verdachte Mohamed K.. 'Wie staat waar op de foto's?' vraagt ze. Een vraag die iedereen die de tamelijk onduidelijke plaatjes ziet, zal stellen. Het helpt ook niet dat de rugnummers niet altijd te zien zijn.

Die onduidelijkheid zorgt direct voor een boeiend spel tussen verdediging en justitie. Geweld op het voetbalveld lijkt zwart-wit in de pers, maar is in de rechtszaal een drassige bende waarin de waarheid gemakkelijk wegzakt. De verdachten worden al gauw 'doodschoppers' of 'daders' genoemd in de media, maar daar is volgens de verdediging niets van waar. Geen van de verdachten heeft Nieuwenhuizen geschopt of geslagen, zo willen de advocaten doen geloven. 'Het gezicht van de man die wel heeft getrapt, staat in zijn geheugen gegrift,' beweert Sidney Smeets, de raadsman van vader El-Hasan D.

De advocaten bedienen zich van creatieve manieren om hun cliënten te verdedigen en hoeven de waarheid niet te zoeken. Dat helpt. Ook Gerard

Spong, de tweede advocaat van El-Hasan D., is behept met spitsvondig-heden. Hij spreekt van het eerste dodelijke ongeval op de Nederlandse voetbalvelden. De bekende strafpleiter moet met zijn neus wel heel diep in de dossierstukken hebben gezeten, wil hij niets hebben meegekregen van de dood van de bejaarde toeschouwer in Amsterdam-Noord, een jaar eerder. Vier maanden vóór deze pro-formazitting in maart vonniste de rechter drie jaar tegen de verdachte.

De advocaten willen dat hun cliënten de inhoudelijke behandeling in vrijheid mogen afwachten. Ze benadrukken vooral dat niemand bedoeld had Nieuwenhuizen te doden. Het zwartepieten is begonnen. Marielle van Essen beweert dat verdachte Ibrahim C., die belastend heeft ver-klaard voor haar cliënt Soufyan, 'van alles verklaart, met alle respect'. Ibrahim steekt zijn hand omhoog en bijt Van Essen toe: 'Respect terug.' Niet alleen Ibrahim blijkt moeite te hebben met de gebruikelijke om-gangsvormen in de rechtszaal. Ook Soufyan neemt tegen alle gebruiken in het woord. Dat Soufyan niet te zien is op de foto's wil nog niet zeg-gen dat hij niet mogelijk betrokken is bij de vechtpartij, laat officier van justitie Joost Zeilstra weten. Soufyan reageert: 'Allemaal onzin man.' De pubers praten luid en geagiteerd. In de perszaal kijken de journalisten elkaar verbaasd aan.

Dan krijgen de verdachten officieel het woord. Vader El-Hasan zegt dat hij nog nooit agressief is geweest. Othman vindt 'het verschrikkelijk wat er is gebeurd, maar ik heb Richard Nieuwenhuizen niet aangeraakt. Het is verschrikkelijk. Niemand heeft dit gewild'. Dat vindt verdediger Moha-med ook. 'Maar ik zit in de gevangenis voor iets dat ik niet heb gedaan.' Fady wil zijn diploma halen, maar Ibrahim blijft onveranderd fel. 'De of-ficier kletst maar uit zijn hoofd. Ik mag mijn mening uiten,' zegt hij. Ook medeverdachte Soufyan vindt het verschrikkelijk wat er is gebeurd, zegt hij. Yassine krijgt als laatste de beurt. Ondanks dat de inhoudelijke behandeling van de zaak nog moet beginnen, heeft de jonge verdachte het vertrouwen in een deugdelijke rechtsgang al direct verloren. 'Het is wel duidelijk. Ik heb gezien hoe jullie werken.'

De woorden van de jongens helpen niet. Als de rechter al dacht aan opheffing van de voorlopige hechtenis lijkt dat nu toch wel definitief van de baan. De rechtbank besluit inderdaad dat de verdachten tot aan de inhoudelijke behandeling over tweeënhalve maand vast blijven zitten.

Lelystad, 29 juni 2013. Een detectiepoortje piept. Een rij belangstellenden trekt alvast de riem uit de broek. Buiten staan de straalwagens van de televisie. Binnen zoeken advocaten, journalisten en familieleden van de verdachten in de grensrechterzaak een plekje in de rij voor de koffieautomaat. Zij maken zich op voor vijf dagen rechtspraak. Waar normaal een enkele journalist een zaak volgt op een bankje achterin, is nu net als bij de pro-formazitting een aparte zaal ingericht. Daar zitten 23 mediavertegenwoordigers elleboog aan elleboog op houten bankjes. Alleen de vroege vogels hebben voorin een tafeltje om op te schrijven. In rechtszaal E geven de verdachten elkaar 'een boks': met de armen vooruit en de vuisten tegen elkaar. Rechter Anja van Holten opent om 9.32 uur de zaak en begaat direct een pijnlijke fout: ze rept over Richard van Nieuwenhuizen. Die fout maakt ze later niet meer.

Van alle aanwezigen wordt direct oplettendheid geëist. Termen als acuut Superior Mesenteric Artery (SMA), ruptuur, reactief infiltraat en vertebrale dissectie vliegen door de zaal. De door de verdediging opgeroepen getuigen-deskundigen doen in de zaal hun verhaal: forensische experts die alles weten van slagaderlijke bloedingen. Nieuwenhuizen is overleden aan een scheur in de halsslagader. De experts betwisten niet waaraan Nieuwenhuizen is overleden, wel de manier waarop. Volgens de in Canada werkzame Brit Christopher Milroy leed Nieuwenhuizen aan een zeldzame afwijking met de naam SMA waardoor slagaders onder extreme omstandigheden sneller kunnen scheuren. Door die afwijking zou spontaan een scheurtje in de nekslagader zijn ontstaan. Dat kan al gebeuren bij niezen, hoesten of braken. Volgens de andere experts is de kans daarop klein. Zij stellen dat het geweld aan de scheur ten grondslag heeft gelegen. Dat die kans er is, beaamt ook Milroy. 'Een trap op het hoofd kan tot deze verwonding leiden. Dat moet de rechtbank goed onderzoeken,' luidt zijn advies.

Als de rook na de stortvloed aan forensisch vakjargon is opgetrokken, kan het schimmenspel tussen de verdachten beginnen. De rechtbank wil alles weten over hun rol op 2 december. Maar ze houden hun lippen stijf op elkaar. De strekking van hun verhalen is dat de getuigen zich vergissen en dat zij Nieuwenhuizen niet hebben getrapt of geslagen. Alleen Yassine bekent dat hij een schop heeft uitgedeeld. Tegen de schouder, maar absoluut niet tegen het hoofd. Het blijkt dat de verdachten bij de rechter-commissaris en de politie een stuk loslippiger waren. Daar hebben zij belastende verklaringen over elkaar afgelegd. Zo heeft Ibrahim bij de politie verklaard dat hij zijn teamgenoten Soufyan, Fady, Mohamed en Othman heeft zien schoppen, maar dat wil hij in de rechtszaal niet bevestigen. Yassine zegt ter zitting dat Ibrahim de grensrechter tegen het gezicht heeft getrapt. Ibrahim beroept zich op zijn verschoningsrecht. Dat is een recht dat een getuige heeft om vragen van de rechter niet te beantwoorden, zodra hij daarmee zichzelf strafrechtelijk belast. Ook Daveryon en Mohamed zwijgen.

Doelpuntenmaker Soufyan ziet het anders. Hij heeft bij de rechter-commissaris verklaard dat alleen Yassine en nog iemand hebben getrapt, terwijl Nieuwenhuizen op de grond lag. Wie die tweede persoon is, wil hij op de zitting niet zeggen. Ook heeft hij gezegd dat vader El-Hasan een kopstoot aan Nieuwenhuizen heeft uitgedeeld. El-Hasan zegt op zijn beurt dat hij naar het opstootje is gekomen om de ruziënde spelers uit elkaar te halen. Wie wat heeft gedaan, weet hij niet, ook omdat hij zelf op een gegeven moment is gevallen. 'Maar wat Soufyan beweert, zijn leugens. Door zijn vader ingefluisterd,' zegt El-Hasan. Mohamed en Fady beroepen zich op hun zwijgrecht. In Fady's geval begrijpelijk. Hij heeft behoorlijk de schijn tegen omdat DNA van Nieuwenhuizen op zijn voetbalschoenen is gevonden. Othman zegt dat hij niets gedaan heeft. Dat mensen hem noemen, komt omdat hij opvallende gele kicksen droeg. Daveryon bekent met de keeper van Buitenboys te hebben gevochten.

Met de opmerking 'dat niet heel duidelijk is wat er is gebeurd' spreekt rechter Van Holten het understatement van de dag uit. Verdachte Soufyan beschrijft de sfeer bij de wedstrijd. Als er iets misgaat, wordt er geschreeuwd. 'Zo gaat dat altijd bij ons', zegt hij, 'Maar alleen tegen teamgenoten. Buitenboys zal wel geschrokken zijn, want het ging niet om de beker of een finale.' Soufyan noemt zichzelf 'vervelend' en 'een etter'. Hij werd naar eigen zeggen aangesproken op zijn shirtje trekken door zijn vader en een van de andere aanwezige vaders. Over het moment dat Nieuwenhuizen viel bij de 2-2 van Nieuw Sloten, zegt Soufyan: 'Ik zei toen: "Je moet me wel bijhouden." Er was kritiek op zijn manier van vlaggen van spelers en publiek. Toen het bekvechten begon, heeft mijn vader mij van het veld gehaald. Het duurde maar een minuut. In de kleedkamer zei de vader van Ismael dat dit niet kon. Een kale man zei toen dat nummer tien en veertien naar boven naar de bestuurskamer moesten komen. De vader van Ismael zei dat we onze mond dicht moesten houden. Hij snoerde ons de mond. De vader van Wouter kwam binnen en zei dat hij was bedreigd door de grensrechter.'

Ook Ibrahim is nu wat loslippiger. Hij zegt pas twee weken in het team te zitten. 'De trainer vroeg mij. Ik zei dat ik niet was ingeschreven en dat dat strafbaar is. Hij zei dat ik dat maar door de vingers moest zien. Na de wedstrijd kwam de grensrechter verhaal halen. Waarom weet ik niet. Ik schudde handen. Naar die vechtpartij heb ik met open mond staan kijken. Ik heb veel meegemaakt en dat wil ik verwerken. In de kleedkamer was iedereen stil. Ik heb mijn moeder gebeld en eerlijk de waarheid verteld. Dat ik geen trap heb gegeven. Wel in een duel met de keeper, daarom liep ik scheef.'

Dan confronteert de rechter nieuweling Ibrahim met een uitspraak die hij volgens zijn ploeggenoot Soufyan heeft gedaan: "Als er camerabeelden waren gemaakt, was ik de lul geweest." 'Waren er maar beelden,' reageert Ibrahim, 'dan kon je zien dat het niet waar is.' Ook Daveryon (en El-Hasan) noemen het vlaggen van Nieuwenhuizen partijdig. Daveryon: 'Ik zei tegen hem: "Als je niet kan vlaggen, kun je beter naar huis gaan." Hij gleed uit, toen moest iedereen lachen. "Kom nu vechten dan Kutmarokkanen," zei hij. Maar ik ben niet eens Marokkaans. El-Hasan lag op de grond, die hielp ik overeind. Hij is mijn oude buurman. Toen kwam de keeper. Hij sloeg mij op mijn nek. Ik sloeg hem terug. Als iemand mij slaat, blijf ik niet kijken.'

Aanvoerder Yassine verklaart dat Ibrahim de grensrechter vanachter neerhaalde, zodat die op zijn rug viel en dat Soufyan Nieuwenhuizen vervolgens in zijn gezicht trapte. Zelf haalde Yassine een stok om zichzelf te verdedigen, zo verklaart hij. Daarbij kwam een man achter hem aan. De kijk op de zaak verandert als de verklaringen van Mykel, de zoon van Richard Nieuwenhuizen, ter sprake komen. Hij heeft verklaard dat zijn vader een vuistslag kreeg en wilde wegrennen. Dat lukte niet, omdat hij werd neergehaald. Mykel had verklaard dat drie jongens en een trainer zijn vader 'raakten waar ze maar konden'. Een van hen was geschorst in de wedstrijd. Later rende in ieder geval een speler met gele schoenen achter zijn vader aan, samen met nog twee of drie spelers. Nieuwenhuizen werd uitgemaakt voor homo en kankerjood. Mykel zag zijn vader huilen.

De verklaringen van Mykel brengen een geheel andere kijk op de zaak dan totnogtoe. Alle verdachten hebben hun versie van het verhaal gedaan, maar wat is het resultaat? Dikke mistgordijnen verhullen de feiten. Aan het einde van de zittingsdag is er nog steeds weinig duidelijkheid uit de mond van de verdachten. Dat steekt de rechter. Die probeert de verdachten wat meer onder druk te zetten en zegt dat tegen alle verdachten nogal wat verklaringen zijn afgelegd.

Een dag later, 30 mei 2013. Of de rechters net zo vol goede moed zijn als de eerste dag valt te betwijfelen. Voor hen zitten acht verdachten die niks loslaten. De getuigenverklaringen helpen ook niet echt bij de waarheidsvinding. Ziet de ene getuige nummer 8 een klap uitdelen, dan ziet de ander nummer 10. Zelfs een Antilliaanse jongen met gevlochten haar wordt gezien als Marokkaan. Nog even en een Buitenboysvader ziet Oranjespeler Ibrahim Afellay in het veld staan. Al snel wordt er toch iets meer duidelijk en dat ziet er voor verdachte Ibrahim niet fraai uit. Minstens tien aanwezigen hebben op 2 december gezien dat de speler met rugnummer 8 Nieuwenhuizen heeft geschopt. Ibrahim droeg het shirt met nummer 8. Verder zou hij tegen Soufyan hebben gezegd 'dat als er camerabeelden waren, ik de lul was geweest'. Dat heeft Soufyan verklaard in de raadkamer. Ook een pingbericht van Ibrahims moeder aan een hulpverlener van Jeugdzorg dat hij iemand had geschopt, spreekt niet in zijn voordeel. Het zijn wat lichtpuntjes in een feitengevecht dat al bijna anderhalve dag duurt.

Ook Soufyan lijkt het haasje. Volgens twee getuigen heeft Soufyan in het veld gezegd 'dat ze niet kwamen om te voetballen, maar om te rellen'. Zelf zou hij tegen trainer Moos Banjaktoetoer hebben gezegd dat hij had geslagen. Dat klopt volgens de jongen die net vier weken in het elftal zat niet: 'Ik heb hem niet gesproken. Ik ben onschuldig.' Ook keeper Wouter Mirck heeft de naam van Yassine als een van de schoppers genoemd.

Naast de kinderen zou ook een volwassene bij het geweld betrokken zijn: volgens justitie is dat vader El-Hasan van aanvoerder Yassine. Als zijn woorden vertaald zijn, blijkt dat hij meent nog nooit iemand iets te hebben aangedaan. 'Ik ben tegen geweld. Als ik er niet was geweest,' zegt El-Hasan, 'was het groter geworden.' Hij is vaker bij de wedstrijden van het team van zijn zoon Yassine aanwezig. Hij is een clubman. Hij komt al jaren bij Nieuw Sloten en is de trainer van het team van Yassines broer, de A2. El-Hasan zegt dat hij Soufyan op 2 december tot rust heeft gemaand. Maar Soufyans vader, ook toeschouwer, heeft verklaard dat El-Hasan aan kwam rennen en Nieuwenhuizen een kopstoot heeft uitgedeeld. 'Soufyans vader wilde wraak nemen,' beweert El-Hasan. Soufyan noemt de woorden van El-Hasan 'allemaal leugens. Hij heeft mij niet rustig gehouden. Dat doet mijn vader. Ik heb niks met hem te maken.' El-Hasan bijt terug. 'U kunt aan Othman vragen of ik in de auto heb gezegd dat ze zich rustig moeten houden. En Daveryon ook.'

Voor de pauze neemt Othman het voorlopige slotwoord: 'Het is verschrikkelijk wat er is gebeurd. Dit heeft niemand gewild. Het had niet mogen gebeuren.' Het is een van de zeldzame momenten waarop spijt wordt betuigd. Na de onderbreking verbaast de rechtbank zich erover dat Othman verder zo weinig zegt. Dan komen de slachtoffers aan het woord. Advocaat Yehudi Moszkowicz vertelt namens de nabestaanden dat Nieuwenhuizens zoon Jamie sinds de dood van zijn vader chronische slaapproblemen heeft. Moszkowicz stelt de verdachten hoofdelijk aansprakelijk. Hij eist tonnen schadevergoeding: 225.000 euro materiële schade en 25.000 euro per gezinslid immateriële schade.

De ware impact van de oorlog die langs de Nederlandse velden woedt, wordt duidelijk als de partner en zoons van Richard Nieuwenhuizen het woord krijgen. Van de tribune op de eerste verdieping komen zij naar de rechtszaal om van hun spreekrecht gebruik te maken. Ze nemen plaats tussen de families van de verdachten en de verdachten zelf. Xandra komt als eerste aan het woord. Nog voordat ze begint, schiet ze vol. Ze spreekt over 'martelende onzekerheid'. Nadat Nieuwenhuizen snel achteruit ging, is met de familie besloten hem los te koppelen van de apparatuur. 'Zelfs toen hadden we nog de hoop dat hij weer ging ademen. Maar er gebeurde niets meer.' Op een televisiescherm in het ziekenhuis zag zij het voorbarige bericht over de dood van haar partner. 'Ik kreeg sms'jes, dat was heel pijnlijk. Ik voelde me verdoofd. De ene dag gaat hij naar het voetbal, de andere is hij dood.'

Xandra vertelt dat ze onder de indruk was van de tienduizend man die meeliepen met de stille tocht, maar dat ze nog altijd veel wakker ligt 's nachts. 'Ik ben enorm afgevallen en kan niet meer werken. Mijn leven is totaal veranderd. Ik mis Richard. Er staat een bord minder aan tafel. Ik zet koffie voor mij alleen.' Over haar zoons, zegt ze. 'Hun leven is afgepakt. Richard zal nooit aanwezig zijn bij grote gebeurtenissen. Diploma's, opa worden. De vraag waarom houdt mij elke dag bezig. Hoe konden die jongens dit doen? Mijn jongens kunnen hun vader nooit meer in de ogen kijken, zij wel. Hoe kunnen zij zo verder leven?'

Snikkend maakt zij plaats voor haar oudste zoon Jamie. Zijn vriendin staat naast hem. 'Mijn vader lag in het ziekenhuis op een manier die je niet wilt zien. Ik vroeg: "Je gaat toch niet bij ons weg?" Hij schudde van niet, want hij kon niet praten. Dat staat in mijn geheugen gegrift. Het was akelig om naar papa te kijken. Het was niet papa, zoals ik hem kende.' Jamie huilt. 'Ik kon me niet concentreren, nog steeds niet. Ik heb studievertraging en ik slaap slecht. Ik ben chronisch vermoeid en moet de rest van mijn leven medicijnen. Mijn vader was mijn grote vriend, met hem ging ik naar voetbal en we klusten samen. Ik voel me verantwoordelijk voor het begeleiden van mijn broertje. Ik ben ineens volwassen en de verantwoordelijke geworden. Is de hele wereld naar de klote? Dat de verdachten hun verantwoordelijkheid niet nemen en elkaar de schuld geven, maakt het moeilijker dan het is.'

'Ik voelde me na zijn overlijden eenzaam en verlaten,' begint Alain, de tweede zoon. 'Een paar dagen na zijn overlijden werd ik 18 jaar. Het feest had ik samen met mijn vader georganiseerd. We zouden naar het casino gaan, maar 8 december was een verdrietige dag. Ik voel me nog steeds geen 18. Ook kerst en oud en nieuw waren klote. Ik mis die sterke schouder.' Ook hij heeft concentratieproblemen. Dat niemand zegt wat zijn aandeel is, maakt hem boos. 'Mijn hobby's, modelvliegtuigen en DJ'en, doe ik allebei niet meer. Zonder mijn vader is het niet leuk. Dat hebben die jongens van mij afgepakt.'

Namens jongste zoon Mykel, die zelf op het veld stond, doet een kennis het woord. 'Ik hoorde mijn vader zeggen: "Stop, het doet pijn". Ik heb het geprobeerd, in m'n eentje tegen een groep jongens.' Het mocht niet baten. Voor zijn overleden vader, met wie hij een sterkere band had dan met zijn moeder, heeft hij op zijn kamer een altaar met kaarsjes ingericht.

Hij heeft geen energie meer. Dat is tot daaraan toe. Zijn liefde voor de bal, die hij met zijn vader deelde, is deels weg. Hij spreekt van een haat-liefdeverhouding. 'Ik train drie keer, maar er staat niemand langs de lijn. Thuis herinnert alles aan mijn vader. Dat wil ik niet. Ik ga naar vrienden of mijn vriendin. De tijd met mijn vader komt nooit meer terug.'

De verdachten reageren onbewogen op de emotionele verklaringen. 'Ik vind het heel erg, maar voel me niet aangesproken,' zegt Soufyan. 'Ik vind het ook heel erg,' herhaalt Yassine. Een ander, niet duidelijk wie, condoleert de nabestaanden. Fady wenst hen veel sterkte met het verdriet. De rechter is maar matig onder de indruk van de reacties van de verdachten. 'Hebben jullie hun woorden gehoord over de verantwoordelijkheid?' vraagt ze. 'Ik heb hetzelfde gevoel,' antwoordt El-Hasan als enige, 'mijn hart wordt verscheurd. Gecondoleerd aan de nabestaanden. Ik wens ze veel sterkte.'

'Iemand,' zegt de rechter nog eens in de hoop dat een van de minderjarigen nog wat los wil laten. Maar niemand reageert. 'Ik wil de familie bedanken,' besluit ze deze zittingsdag.

Op de laatste dag van mei neemt officier van justitie Joost Zeilstra het podium. 'Emoties horen bij sport', zegt hij, 'maar horen niet te leiden tot geweld tegen medebeoefenaars, zeker niet als het de scheidsrechter of grensrechter betreft. Niemand heeft zijn verantwoordelijkheid genomen. Verbazingwekkend. Zo velen die geweld hebben gepleegd en zo weinig die verantwoording nemen.' Volgens Zeilstra is Nieuwenhuizen twee keer op de grond gevallen en daar tussenin heeft de grensrechter een stukje gerend. Vooral aan de verklaringen direct na het incident en de foto's van twee toeschouwers, onder wie de zus van Buitenboyskeeper Nando Sitanala, hecht hij waarde. Net als aan de verklaring van verdachte Ibrahim.

Hij acht Soufyan, Yassine, Ibrahim, Fady, Othman, Mohamed en vader El-Hasan schuldig aan het geweld tegen Nieuwenhuizen.

Meerdere getuigen hebben Soufyan genoemd, ook tegen Yassine zijn verklaringen afgelegd door getuigen die hem zagen schoppen. Ibrahim heeft volgens Yassine tegen het hoofd van Nieuwenhuizen geschopt. Op de voetbalschoenen van Fady is DNA van Nieuwenhuizen gevonden en de schoenen van vader El-Hasan staan op een foto. De gele schoenen van Othman zijn nogal wat getuigen opgevallen. Tegen verdachte Mohamed zijn de bewijzen niet heel sterk. Hij lijkt een trappende beweging te maken op een van de foto's, maar anders dan bij sommige andere verdachten is er geen stortvloed aan getuigen die hem aanwijzen als dader. Wel noemde een aanwezige een rood broekje. Dat is een andere kleur dan het bordeauxrood van het Nieuw Slotentenue. Verdachte Daveryon hoort Zeilstra vrijspraak eisen voor het trappen van Nieuwenhuizen, maar dat is half goed nieuws. Hij wordt door de officier wel schuldig geacht aan openlijk geweld tegen Buitenboyskeeper Nando Sitanala.

Zeilstra gaat verder. Hij is een van de velen die het vandaag niet eens is met een spreker en noemt de stelling van de Britse wetenschapper Milroy 'totaal ongefundeerd'. De officier vindt het zeer onwaarschijnlijk dat een handeling als niezen of autorijden Nieuwenhuizen fataal is geworden. Zeilstra acht medeplegen van doodslag wettig en overtuigend bewezen. 'Emoties rechtvaardigen een aanval op een volwassen man niet,' zegt hij, 'Met uitzondering van Yassine heeft niemand verantwoordelijkheid genomen en ik weet niet of ze zo oprecht spijt hebben. Ik weet ook niet of het nog een keer gebeurt. Iedereen is gelijk vanwege het niet weten waar is geschopt. Er is geen aanleiding om de ene zwaarder te straffen dan de ander.'

Wat hangt de jongens en de voetbalvader boven het hoofd? Wordt het een jaar, tien jaar, of een maandje onkruid wieden? Tegen El-Hasan eist de officier zes jaar gevangenisstraf, omdat hij als volwassen man zinloos geweld heeft gebruikt. In zijn geval is vijftien jaar de maximale strafduur. Soufyan, Fady, Mohamed, Othman en Ibrahim horen twee jaar eisen, waarvan zes maanden voorwaardelijk. Dat is voor jongens van 16 jaar de maximale straf. Yassine, de enige die op 2 december 15 jaar was en deels verantwoordelijkheid nam, krijgt een eis van een jaar, waarvan twee maanden voorwaardelijk. Tegen Daveryon eist Zeilstra voor het openlijk geweld tegen de keeper dertig dagen, waarvan dertien voorwaardelijk. Die heeft hij al achter de rug, wat zou betekenen dat hij zou vrijkomen.

De verdachten zeggen opnieuw niets, maar alles aan hun lichaamstaal verraadt dat ze niet lekker zitten. Ze bewegen op hun stoelen en draaien zich om, richting hun advocaten die direct achter hen zitten. Er wordt overlegd. Dan is de derde zittingsdag ten einde.

Op zaterdag 1 juni krijgen de raadslieden de gelegenheid te reageren op de strafeisen. Alleen Yassine, zijn vader El-Hasan, Othman en Fady zijn aanwezig. Sander Janssen, die Yassine bijstaat, hekelt de media. Die hebben consequent bericht over het met opzet doodtrappen van Nieuwenhuizen. 'Dat is wraakzuchtige berichtgeving. Alles wat mis is in Nederland op de voetbalvelden is in deze zaak gevat.' Janssen en zijn collega Noor Luns vinden dat de verklaringen van getuigen rammelen en inconsequent en onbetrouwbaar zijn, zoals die van Ibrahim: 'Hij heeft niet geschroomd teamgenoten te belasten, maar ontkent zelf betrokkenheid. Zijn verklaringen zijn ongeloofwaardig.'

De advocaten trekken het bewijs in twijfel en de doodsoorzaak. Advocaat Paul van Putten betwijfelt of het DNA dat op de schoen van zijn cliënt Fady is gevonden wel van Nieuwenhuizen is. Dat kan volgens Van Putten namelijk ook van diens zoon Mykel zijn die op hetzelfde deel van het veld stond.

En er is nog de mogelijkheid van vervuiling omdat verschillende spullen bij elkaar in een zak zijn gestopt. Advocaat Janssen zegt zelfs: 'Hier is sprake van een relatief eenvoudige mishandeling die resulteert in de dood.' Volgens Van Essen hebben getuigen 'zich aantoonbaar en veelvuldig vergist.' Keeper Wouter Mirck zou belastend over Soufyan hebben verklaard omdat Soufyan hem uit het team zou hebben weggepest.

Margje van Weerden zegt dat voor haar cliënt Mohamed de druk te hoog was om te verklaren over jongens die naast hem zaten. Zij vindt dat de verklaringen van Mykel Nieuwenhuizen moeten worden uitgesloten van bewijs. Hij is in haar ogen niet objectief en het trauma door het overlijden van zijn vader zou een rol kunnen hebben gespeeld in wat hij heeft verklaard. 'Dat kan invloed hebben op de wijze waarop je je dingen herinnert. Dwaling is een groot risico.' Van Weerden meent dat hij personen kan hebben verwisseld die om het incident heen stonden. Ook zij vindt dat de verklaringen rammelen en concludeert dat er onvoldoende wettig en overtuigend bewijs is.

Tijdens het laatste woord klaagt verdachte Mohamed dat hij 'als een crimineel' wordt gezien en dat bij een veroordeling zijn 'hele toekomst naar de maan' is. Ibrahim is berouwvoller: 'Ik wilde mijn moeder niet teleurstellen. Ik zag mijn zusje huilen. Zij hebben mij altijd gesteund. Ik vind het heel erg voor de familie. Deze zaak heeft de wereld geschokt. Het heeft een aardbeving veroorzaakt.' Vader El-Hasan herhaalt dat hij een vreedzaam mens is, tegen geweld en alles heeft geprobeerd om de jongens uit elkaar te halen, zo vertaalt de tolk. 'Toen ik erachter kwam dat Nieuwenhuizen dood was, heb ik gehuild. Ik weet hoe het voelt, ik ben zelf ook vader. Het leven van mijn gezin is verwoest, het heeft een enorme impact op mij.' De berichten in de media zijn Ibrahim een doorn in het oog. 'Wij zouden geen emoties hebben, maar wij gaan ook stuk.

Wij hebben een dode op onze naam. Ik voel me rot van binnen.' De andere verdachten benadrukken hoe erg ze het vinden, wensen de familie sterkte, maar ontkennen nog altijd te hebben geschopt of geslagen. Die houding beschreef Werdmölder ook in zijn boek *Marokkaanse lieverdjes*. De gemiddelde Marokkaan hangt de vuile was niet buiten, zeker niet als die door Nederlanders wordt opgehangen. Met andere woorden, de waarheid is ongeschikt aan de goede naam en eer van de familie.

Twee weken later, op 17 juni om 13.15 uur, zal de rechtbank uitspraak doen. De rechters wacht een zware kluif. Zij moeten het hebben van foto's en meer dan zestig getuigenverklaringen die niet één duidelijk verhaal vertellen. Tastbaar bewijs is er amper. Wapens zijn er niet, alleen Nieuwenhuizens DNA op de schoen van Fady. Margje van Weerden noemt de taak van de rechtbank 'afschuwelijk'. Vrijspraak verwacht zij niet. Daarvoor zal de rechtbank te gevoelig zijn voor de maatschappelijke druk. Terwijl pas over twee weken het vonnis zal worden uitgesproken, zinspelen de advocaten in de hal al voorzichtig op hoger beroep.

Twee weken later zijn alleen El-Hasan, Yassine en Othman aanwezig. Rechter Anja van Holten vertelt dat Mykel Nieuwenhuizen een belangrijke getuige is. Bezwaren dat er vormfouten zijn gemaakt, Mykel al foto's had gezien of te geëmotioneerd was, verwerpt de rechtbank. Van Holten spreekt van twee situaties. In de eerste werd Nieuwenhuizen geslagen in de middencirkel. Hij verloor een schoen en een jongen zonder wedstrijdshirt schopte hem tegen zijn benen, hoofd en bovenlichaam. Ook anderen schopten hem. Tijdens de tweede situatie schopten spelers en een volwassene Nieuwenhuizen tegen het hoofd alsof ze een bal schopten. Even voor 14.00 uur vertelt ze dat er vier, vijf of zes getuigen zijn die tegen een ieder van de verdachten hebben verklaard. Alle verdachten hebben Nieuwenhuizen tegen het hoofd of bovenlichaam geschopt. Niemand had dan wel de intentie om te doden, maar de rechtbank vindt wel dat de verdachten het risico op de koop toenamen dat het letsel kon leiden tot het overlijden. Ze vindt dat zij het delict 'gezamenlijk hebben gepleegd. Er was sprake van een bewuste en nauwe samenwerking.' Het verhaal van Milroy vindt zij onvoldoende onderbouwd. Het geweld is de oorzaak van het overlijden van Richard Nieuwenhuizen. De vorderingen van de nabestaanden verwijst zij door naar de civiele rechter.

Dan gaat ze over tot de straffen. 'Het medeplegen van doodslag en openlijk geweld is een ernstig feit. Niemand heeft openheid van zaken gegeven en er is onbeschrijflijk veel leed. Het is de ongeremdheid van hun handelen en het feit dat geen van allen verantwoordelijkheid heeft genomen.' Het is ijzig stil in de rechtszaal. Van Holten begint bij El-Hasan. Ze legt hem zes jaar celstraf op. Ze neemt hem kwalijk dat hij de enige volwassene is tussen jeugd. 'De hele maatschappij is geschokt, tot buiten de landsgrenzen.' Het daarop volgende cynische applaus van Yassine verstomt als zijn vader El-Hasan zijn hand op de arm van Yassine legt. De zware straf is een waarschuwing dat ouders van minderjarigen te allen tijde een opvoedkundige taak hebben. Volwassenen die die taak verwaarlozen en zich verliezen in excessief gedrag, riskeren hun kinderen jarenlang niet te kunnen zien. Een hard gelag voor El-Hasan en een keihard signaal naar de maatschappij.

Ook de rest krijgt de straf zoals die geëist is door het Openbaar Ministerie. Dus Yassine een jaar en de rest twee jaar. Daveryon is vrij man. Dat betekent dat ook Mohamed, die tot dit moment de zaak in vrijheid mocht afwachten, wordt gevangengenomen. Het voorarrest gaat van de straf af. Othman en El-Hasan geven geen krimp, maar de moeders op de achterste rij barsten in huilen uit. 'Dit is niet eerlijk,' roept de moeder van Fady en ze wil zich een weg banen naar de rechter, maar komt niet verder dan wat passen. Buitenboys twittert: 'Het recht heeft gezegevierd!! Voor #Richard #grensrechter #voetbalvader'.

Buiten de rechtszaal is het een mediacircus. De journalisten proberen zoveel mogelijk advocaten voor hun camera's te krijgen of hun reacties in hun kladblokken te pennen. Als blijkt dat de nabestaanden van Nieuwenhuizen op de eerste etage klaar staan om vragen te beantwoorden schieten de cameraploegen de trap op. Ze verdringen zich voor Mykel, Alain, Jamie en Xandra om een zo goed mogelijk plekje te bemachtigen. Alsof de premier op het Binnenhof een statement naar buiten brengt.

'We zijn blij met de uitspraak,' zegt Xandra. 'De rechtbank heeft het OM gevolgd. Al is geen enkele straf voldoende. Het doet pijn dat die jongens zeggen dat ze niets hebben gedaan.' Mykel zegt blij te zijn dat zijn verklaringen volgens de rechtbank kloppen. Er is zelfs buitenlandse pers aanwezig. Tegenover de Britse journalist Paul Brennan van Al Jazeera spreekt Jamie de hoop uit dat zijn vader nooit wordt vergeten. Op een paar meter afstand aanschouwt bestuurslid Rob Mueller van Buitenboys de meute. Hij zat bij de familie op de tribune en beschrijft de sfeer als 'enorm spannend'. Het vonnis zorgt voor opluchting. Dat nog steeds niet duidelijk is wie de fatale trap heeft gegeven, vindt Mueller niet van belang. 'Ze hebben het met z'n allen gedaan. Wie dat is geweest, maakt niet uit. Dat kan ook niet.' Hij noemt het respectloos dat slechts drie van de acht verdachten zijn komen opdagen. Ook over het cynische applaus van Yassine heeft hij geen goed woord over: 'Waar haal je het vandaan?'

Om 14.41 uur, ruim een half uur na het uitpreken van het vonnis, zijn de laatst aanwezige familieleden van de daders in de rechtbankhal nog steeds in tranen om de uitspraak van de rechter.

Wat voor betekenis heeft die eigenlijk? De aandacht voor de rechtszaak tegen de Nieuw Slotenspelers was immens en heel Nederland zag zware straffen opgelegd worden. Maar maakt dit vonnis wel een einde aan het voetbalgeweld? Of is het einde nog lang niet in zicht? Wat gaat er allemaal mis?

DE INCIDENTEN WORDEN ONDER HET TAPIJT GESCHOVEN

6

Met de zware straffen was een signaal afgegeven naar de maatschappij. Voetbalgeweld wordt niet getolereerd. Toch geven de cijfers van de bond aan dat het aantal excessen daalt. Maar wat zijn die cijfers waard als veel incidenten de bond niet bereiken? Er gaat een hele hoop mis: reden voor de KNVB om na de dood van Nieuwenhuizen een stel nieuwe maatregelen te introduceren. Zijn die dan de oplossing tegen al die oorzaken die aan de basis liggen van het voetbalgeweld?

'Het is wachten op de eerste dode', schreef *Het Parool* begin 2006. De krant sprak met acht voorzitters van Amsterdamse probleemclubs over het toenemende geweld en de bestuurders spraken hun ernstige zorgen uit. Het grootste probleem, zeiden zij unaniem, was het vinden van vrijwilligers en goede bestuurders. Zonder hen was het een hels karwei om alle leden in de gaten te houden. Martin van den Heuvel, destijds vice-voorzitter van de Amsterdamse hoofdklasser Türkiyemspor, luidde de noodklok. 'Het is een kwestie van tijd voordat de eerste scheidsrechter wordt doodgeschoten of doodgestoken.'

Nog geen zeven jaar later is het zover. Er is een dode, weliswaar niet de eerste, maar Van den Heuvel bleek een vooruitziende blik te hebben. Desondanks berichten de media om de zoveel tijd naar aanleiding van cijfers van de KNVB dat het aantal molestaties, geweld tegen arbiters of algemeen voetbalgeweld afneemt of dat het lik-op-stukbeleid zijn vruchten afwerpt. De KNVB-managers en voorzitters amateurvoetbal vertellen maar wat graag over de geboekte successen. 'Ik ben ervan overtuigd dat alle acties die we tegen het geweld op de velden hebben genomen hierbij een rol hebben gespeeld,' zei KNVB-manager Sjaak van der Kroon van West II bijvoorbeeld in het *Algemeen Dagblad* in 2008. Daaraan voegde hij nog toe dat hij het gevoel had dat er steeds meer respect komt voor scheidsrechters. 'Dat zie je al bij de jongste jeugd. Die mogen niet protesteren bij de arbiter.' Een nogal naïeve gedachte: de jeugd protesteert tegenwoordig volop, zelfs niet alleen de pubers meer. En sinds wanneer kunnen we het resultaat van maatregelen tegen geweld afmeten aan een gevoel dat iemand heeft?

De sfeer op de velden wordt beter, elke keer weer, als we de KNVB moeten geloven. Maar de voetbalbond houdt zichzelf voor de gek. Uit het onderzoek *Gele en rode kaarten* van de KNVB bleek al dat slechts eenderde van alle kaarten wordt doorgegeven aan de bond. Dat komt omdat het overgrote deel van de wedstrijden door verenigingsscheidsrechters wordt geleid. Slechts tussen de 10 en 20 procent van alle wedstrijden wordt door officiële KNVB-scheidsrechters gefloten. De rest door vaders, half geblesseerde spelers van een seniorenteam en andere welwillende fluitisten. Die hebben geen trek in een mogelijke schorsing voor een clubgenoot. Of KNVB-leden hebben geen zin om de bond, die volgens de verenigingen zelf maar al te snel op de stoep staat als een boete betaald moet worden, te spekken. Of clubbesturen hebben geen trek in de administratieve rompslomp. De wedstrijdformulieren blijven vaak akelig leeg.

Niet zo gek, vindt voorzitter Maarten Smakman van het Amsterdamse DVVA. Hij speelde vorig seizoen een duel met een van de lagere elftallen.

Een vervelende wedstrijd, zegt hij, de tegenstanders lieten zich verbaal en fysiek gaan en zijn teamgenoten hadden moeite zich in te houden. Uiteindelijk besloten ze toch vóór het verstrijken van de 90 minuten van het veld te lopen. Gevolg: beide ploegen tekenen het wedstrijdformulier, beide schrijven een verklaring, net als de clubscheidsrechter, de tegenstander ontkent en DVVA moet 80 euro boete betalen. Het hoger beroep hebben ze maar laten zitten. Dat zou betekenen dat ze weer weken heen en weer moeten mailen met de bond, weer alles herbeleven en alles zo moeten opschrijven dat het juridisch klopt. Bovendien ben je weer een paar weken verder. Het DVVA-bestuur belde met het bestuur van de probleemploeg en andere tegenstanders. Die hadden ook al akkefietjes met het betreffende team gehad. Na vier weken kwam het bericht van het collega-bestuur dat 't het bewuste team zelf uit de competitie had gehaald. Dat was voor DVVA een genoegdoening. Niet de gang naar de bond. 'Dat is een naar en stroperig proces,' zegt Smakman. 'Dat verwijt ik de KNVB niet, want die moet zorgvuldigheid betrachten en ik ben voor de rechtstaat, maar het slachtoffer wordt slechter behandeld dan de dader. Die ontkent gewoon wat er is gebeurd en wij moeten alles drie, vier keer opschrijven. Frustrerend.'

Door die rompslomp worden veel incidenten niet doorgegeven aan de bond, weet Smakman. 'Teams denken: laat maar, hopelijk zitten we volgend seizoen niet bij ze in de competitie. Dat is ook niet goed. Zo komen dat soort gasten er mee weg.' Maar het alternatief van de gang naar de bond is dus net zo onaantrekkelijk. Smakman heeft zo vaak gezien dat spelers zich inhouden om maar de lieve vrede te bewaren. 'Het loopt dan niet uit de hand, maar de terreur regeert dan wel. De goeden lijden onder de slechten. Het is een feit dat spelers wegkomen met schelden en dreigen. Dat daardoor anderen stoppen met voetballen, baart me nog het meeste zorgen.' Het niet doorgeven van kaarten of incidenten aan de bond stimuleert dus niet om minder overtredingen te maken. Ook werkt deze cultuur het stoppen van hobbyisten in de hand.

Dat er veel incidenten onder het tapijt verdwijnen, merkte toenmalig districtsmanager Hans Schelling van West 1 zelf op in bovengenoemd artikel in *Het Parool* in 2006. 'Laatst was ik privé toevallig getuige van een massale vechtpartij. Echt extreem, tot in de kleedkamer. 's Maandags was ik heel nieuwsgierig naar het wedstrijdformulier, maar er was niets van het incident terug te vinden, alsof het een gewone wedstrijd betrof. Dit gebeurt vaker, ben ik bang.'

Desondanks zijn de cijfers van de excessen, die de bond sinds de oprichting van de 'Taskforce effectieve aanpak excessen' in 2011 elk halfjaar bekend maakt, de laatste keren steeds een goednieuwsshow. Zo ook op 20 maart van dit jaar. Met veel tromgeroffel gaat de presentatie gepaard. In het clubgebouw van RKDEO in Nootdorp zijn niet alleen representanten van de KNVB aanwezig, maar ook de ministers Ivo Opstelten van Veiligheid en Justitie en Edith Schippers van Volksgezondheid, Welzijn en Sport.

De geregistreerde excessen in het najaar van 2012 zijn in aantal minder dan in 2011: van 256 naar 211. Ook het aantal wedstrijden met één of meer excessen is gedaald. En het aantal collectieve excessen (waarbij meerdere personen betrokken zijn) is gehalveerd. Die cijfers zijn het resultaat van zwaardere straffen en de mogelijkheid voor clubs om individuele daders aan te wijzen. Maar wat zeggen die cijfers nu eigenlijk? In West 1 en West 2, min of meer de Randstad, wordt aanzienlijk meer geknokt dan in de twee zuidelijke districten, maar wat weten we van het beleid? Elk district heeft zijn eigen invulling en registratie. Wat ook niet in de cijfers is terug te vinden is het aantal wedstrijden. Hoe weten we dat in het najaar van 2011 evenveel is gevoetbald als in het najaar van 2012? Er werden in de westelijke helft van Nederland nogal wat wedstrijden afgelast in de tweede helft van vorig jaar. Misschien verklaren de afgelastingen wel de teruggang in incidenten? Wat we ook niet weten is of er een verschil is tussen de duels van de standaardelftallen en de overige teams, die vaak niet door officiële arbiters worden gefloten.

Dat in Nootdorp een zware delegatie aanwezig is, heeft ongetwijfeld met de dood van Nieuwenhuizen te maken. Niet alleen de excessencijfers worden gepresenteerd, ook lanceert de KNVB het actieplan 'Tegen geweld, voor sportiviteit'. Na de dood van Nieuwenhuizen vroeg de bond expliciet om hulp van de leden. Ook anderen die ideeën hadden op welke manier de sfeer op de velden verbeterd kon worden, werd gevraagd contact te zoeken. De bond opende er zelfs een speciale Facebookpagina voor. Die oproep leverde de bond honderden reacties op, waarvan een deel in het actieplan werd verwerkt. Per direct werd in maart een hulplijn noodgevallen geopend, waarbij de KNVB eventueel met de politie ondersteuning kan bieden na een exces. De lijn is 24 uur per dag en zeven dagen per week te bereiken en er kan zelfs een voetbalofficier van justitie worden ingeschakeld. Ook meteen in maart ging het meldpunt van start. Dat is een webformulier waarbij melding kan worden gemaakt van wanordelijkheden als onsportief gedrag of andere vervelende ervaringen, waarbij directe steun niet noodzakelijk is.

Vanaf dit (huidige) seizoen is er het spelregelbewijs voor jeugdspelers, een verplichte cursus 'sport en agressie' voor zich misdragende leden en een tijdstraf na een gele kaart bij de B-categorie. Op dat niveau spelen de echte recreanten. Tot de A-categorie behoren de eerste elftallen, de tweede elftallen tot en met de derde klasse, vrouwenteams tot en met de derde klasse en A-, B-, C- en D-jeugd tot en met de hoofdklasse of eerste klasse. De serieuze(re) teams dus, de overige elftallen behoren tot de B-categorie. Dat betekent dat dit seizoen ongeveer viervijfde van alle voetballers, in aantal zo'n 960.000, vijf of tien minuten tijdstraf krijgen na de eerste gele kaart. Twee keer geel blijft rood. Op die manier verlicht de bond de registratieproblematiek op lager niveau.

Ook wil de bond 180 extra waarnemers inzetten om clubs te adviseren, actie ondernemen tegen recidiverende verenigingen, een volledige ondertekening van het wedstrijdformulier door de aanvoerders, tuchtuitspraken online publiceren en dat clubs gedragsregels opstellen. Gedurende het seizoen wil de bond op alle niveaus visuele controle van de spelerspassen. De scheidsrechters controleert dan of de pasjes overeenkomen met de spelers die op het veld staan.

De vraag is welke maatregelen succes opleveren. Nu lijkt het erop dat de KNVB een hoop probeert om uiteindelijk te kijken welke succesvol zijn en welke niet. Bovendien wordt ineens heel wat gevraagd van de clubs en leden. Het is afwachten hoe die daar mee omgaan. In elk geval is duidelijk dat de sfeer op de velden voor de KNVB 'na Nieuwenhuizen' menens is. Dat de cijfers een verbetering laten zien is mooi, maar er moet ook iets veranderen aan het doen en laten van voetballers, leden, en bestuurders.

De bond kijkt daarbij ook kritisch naar zichzelf. KNVB-voorzitter Michael van Praag zegt die ochtend: 'Sportiviteit en respect ontstaan niet vanzelf. Dat is in december onomstotelijk bewezen.' Hij sluit zijn praatje af met een dringend advies. 'Het plan zal de problematiek niet alleen oplossen. De voetbalwereld, u, u bent verantwoordelijk.' Ook Schippers doet voor de snorrende televisiecamera's haar zegje: 'Het kan niet zo zijn dat een scheidsrechter een genomen beslissing met een gebroken kaak moet bekopen.'

Ook in augustus meldt de bond tijdens een persconferentie in Zeist dat de excessencijfers weer een daling laten zien. Vorig seizoen, 2012/2013, waren er 412 excessen in 274 van de in totaal 752.395 wedstrijden. Dat is ten opzichte van 485 excessen een seizoen eerder een daling van 16 procent. Het aantal collectieve excessen daalt van 207 naar 100. Wel stijgt het aantal individuele excessen van 278 naar 312. Volgens de bond halveerde het aantal wedstrijden met excessen per weekend van 10,9 naar 5,74 na de dood van Nieuwenhuizen. De overige acht in maart aangekondigde maatregelen gaan een maand later in werking. De KNVB hoopt dan ook op 'een fantastisch seizoen met sportief gedrag' verkondigt Binnenmars. Het scheidsrechterstekort blijft zowel in Nootdorp als in Zeist onbesproken. Navraag bij de bond naar de scheidsrechtersaantallen levert een toezegging op van die cijfers, maar die laten wel zes weken op zich wachten. Een probleem in de registratie, wordt gezegd: eerst werd het aantal arbiters bijgehouden, later werden daar de officials, zoals scheidsrechterbegeleiders, bij opgeteld en later werden weer alleen de fluitisten geteld. De aantallen moeten eerst worden geïnterpreteerd, meldt een woordvoerder. Na het toezenden van de cijfers is een schokkende ontwikkeling te zien. Zo waren er in het seizoen 1979/1980 15.010 scheidsrechters. Dat aantal blijkt twintig jaar later al bijna gehalveerd tot 8.086. En tien jaar na de eeuwwisseling hingen nog eens 2.000 arbiters hun fluitje aan de wilgen. Drie jaar geleden floten 6.087 mannen en vrouwen wekelijks hun potje. Daarbij moet wel worden opgemerkt dat naast het aantal KNVB-fluitisten ook nog eens 18.341 verenigingsscheidsrechters actief zijn. Dat zijn vooral oudere mensen die er niet meer voor kiezen om als KNVB-arbiter te fluiten, maar bij een (vaste) vereniging.

De oorzaak voor die weinig geruststellende daling moet volgens het schrijven van de bond worden gezocht in de vergrijzing, 'net zoals in de rest van de maatschappij'. Een makkelijke constatering, maar niet een waarmee de bond andere redenen, en misschien wel het echte probleem, onder ogen ziet: er wordt met geen woord gerept over de sfeer als mogelijke reden om te stoppen. Aan de andere kant is er een zeer prettige ontwikkeling, meldt de KNVB. Het aantal jonge scheidsrechters neemt in alle districten toe. Blijkbaar hebben wij iemand nodig die onze wekelijkse pot voetbal in goede banen leidt. In het park voetballen liefhebbers zonder leidsman met groot gemak naar het einde, maar zodra er een ranglijst is, lukt dat ons niet meer. Hoe komt dat?

Ondanks dat verhoudingsgewijs steeds meer vrouwen op de velden rondlopen, is voetbal nog altijd een mannenbastion. Mannelijk testosteron is oververtegenwoordigd. Het competitie-element van de sport werkt de hormoonconcentratie in het bloed in de hand. Agressieve of uitdagende voorvallen zorgen voor een stijging van de concentratie testosteron, is te lezen in het boek *Typisch testosteron*. Dat kán leiden tot gewelddadig gedrag. Wel is de relatie tussen testosteron en agressiviteit afhankelijk van de situatie en wordt die beïnvloed door andere factoren als erfelijke aanleg, omgeving en alcohol en drugs. Het verband tussen competitie en testosteron is dus aangetoond. We willen niet verliezen en zijn bereid daar ver voor te gaan. Dat is in elk geval ook goed te zien voor diegene die op zondagavond afstemt op de wedstrijden van de eredivisie. Daar lijkt zelfs sprake van een overschot aan testosteron. Wekelijks vliegen de spelers elkaar in de haren, scheldt de trainer de vierde man de huid vol of springen de reservespelers van de bank. De scheids kan maar beter goed nadenken over de te nemen beslissingen.

Gaby Jallo van Willem II wist zich in het weekend na Nieuwenhuizen nog in te houden ten opzichte van de grensrechter. Hij was van mening dat een uitbal voor Willem II was, maar de assistent-scheidsrechter besliste anders. Hij begon te protesteren, maar bedacht zich en stak zijn hand omhoog als een soort van excuus. Een maand later kon PSV'er Erik Pieters zijn emoties niet bedwingen. Hij kreeg een rode kaart en bekoelde zijn woede op een glazen deur in het stadion met zes afgescheurde pezen en een afgescheurde zenuw tot gevolg. Met dank aan de camera's was televisiekijkend Nederland getuige van de agressie van de international. Ook Pieters' ploeggenoot Jeremain Lens, eveneens Oranje-speler, liet zich gelden. Hij wachtte in februari Joris Mathijsen na de wedstrijd op in de catacomben, greep de Feyenoorder bij de keel en ontlokte daarmee een massale duw- en trekpartij. Is alles na de wedstrijd vergeten en vergeven? Nee. Van Stokkom schreef al dat jongeren die niet het respect ontvangen waarop ze menen recht te hebben makkelijk overschakelen op een grote mond, een dreigende houding of het gebruik van geweld. 'De reputatie van een stoere man hangt af van het volharden in een geloofwaardige dreiging met geweld. Je dient anderen af te schrikken zich met je te bemoeien of je lastig te vallen.' Laat de grasmat in de voetbalstadions nu juist vol staan met stoere mannen. Conflicten bij deze contactsport zijn gauw geboren. Nu staan voetballers niet elke minuut van de wedstrijd als kemphanen tegenover elkaar, maar de momenten dat een prof z'n mannetje moet staan, zijn talrijk. Gelukkig worden zij getraind om een bepaalde mate van zelfbeheersing aan de dag te leggen. Maar ook voetballers zijn mensen en dus gaat het weleens mis.

Elk akkefietje heeft zijn weerslag. Psychologen toonden lang geleden al aan dat kinderen de neiging hebben het gedrag van hun voorbeelden te imiteren. Dat kunnen ouders zijn, maar zeker ook profvoetballers tegen wie ze opkijken. Dragen de profs roze kicksen, dan doet de jeugd dat ook. Het nieuwste kapsel van Cristiano Ronaldo, of pak 'm beet Graziano Pellè, is binnen de kortste keren op een kunstgrasveldje in Nieuwegein te zien. Voorbeeldgedrag wordt gekopieerd, jong geleerd is oud gedaan. Niet alleen profs vergeten weleens dat ze een voorbeeldfunctie hebben, ouders zijn nog erger. Ga een willekeurige zaterdagochtend naar een pupillenwedstrijdje kijken en de protesten komen niet van binnen de lijnen, maar van daarbuiten. Bij een onschuldig 'hé scheidsie' of 'kom op nou scheids' blijft het niet. Vaders, én moeders, schreeuwen er op los, of dat scheidsie nu een 13-jarige C-junior is die zich vrijwillig inzet voor z'n club of een vader van de tegenpartij. Ouders staan briesend langs de lijn als de leidsman- of jongen er in hun ogen een potje van maakt. Vaak zien ze de lijnen dan allang niet meer. De keren dat niet een speler in het jeugdvoetbal de arbiter aanvliegt, maar een familielid zijn allang niet meer op een hand te tellen. Gelukkig nemen veel clubs nu maatregelen en moet het publiek verplicht achter de hekken staan. Kunnen de knulletjes rustig voetballen. Opvoedkundige functie? Voorbeeldgedrag? Bij het voetbal vergeet men snel. En dat zijn nog ouders die de moeite nemen voorbij het toegangshek te gaan. Helpen met vervoer of bardienst is geen vanzelfsprekendheid meer. De vaders en moeders die hun kinderen met vijf euro afzetten bij de club en ze aan het aan einde van de dag weer ophalen, zijn tegenwoordig in de meerderheid. Zo geven zij zelfs het slechte voorbeeld als ze er níet zijn.

Volgens Verweel zijn voorbeeldfiguren als ouders, scheidsrechters en profvoetballers van onmetelijke waarde. 'Spelers kunnen veel van elkaar hebben. Ouders zijn vaak de oorzaak om iets niet te pikken, om over de grenzen te gaan. "Pak 'm aan", zeggen ze dan. Of: "Laat 'm niet lopen sufkop." Dat soort opmerkingen. Ouders, de trainer en scheidsrechter zijn factoren die de meest positieve of negatieve invloed hebben. Een trainer kan de ouders tot rust manen en een goede, eerlijke scheidsrechter zorgt voor minder aanleiding tot agressie.'

Met de ouders, trainer en scheidsrechter noemt Verweel drie factoren die direct of indirect van invloed zijn op een voetbalwedstrijd. Om geweld en agressie zoveel mogelijk uit te sluiten is vooral ook een toezichthouder nodig. Een leider. Dat is in Nederland de Koninklijke Nederlandse Voetbalbond. Doet die wel voldoende? Grijpen de beleidsbepalers wel in? Hoe hoog stond voetbalgeweld eigenlijk op de agenda?

'EERST MOET IEMAND DOODGESLAGEN WORDEN, VOORDAT ER WAT GEBEURT'

7

'KNVB ga eens iets doen aan deze ellende!'
'Opsluiten in Siberië deze gasten.'
'De KNVB is een malafide organisatie, het levert te veel centjes op.'

De KNVB kan het nooit goed doen. De straffen zijn te laag. Of te hoog. De scheids-rechters zijn niet capabel genoeg. De reactie na het overlijden van Nieuwenhui-zen is te slap. De doorgevoerde maatregelen stellen niks voor. De bond houdt zich doof voor nieuwe spelregels. Hoe kijken insiders naar het handelen van de KNVB?

Websites stroomden na de dood van Nieuwenhuizen en de res-pons van de KNVB daarop vol met reacties als bovenstaande. Jarenlang sluimerende irritatie over het handelen van de bond vond eindelijk zijn weg naar buiten. De KNVB kreeg het zwaar te verdu-ren. Vond de ene de vraag van de bond na de dood van Nieuwenhuizen om hulp moedig, de ander vond het een teken van zwak optreden. Alsof de criticasters wilden zeggen: in tijden van crisis is een sterke leider no-dig, die daadkracht toont en niet hulpeloos om zich heen kijkt. De KNVB stelde zich bewust kwetsbaar op. De bond wilde feedback van de leden.

Die kwam en mede aan de hand daarvan stelde de bond maatregelen samen die op 20 maart werden gepresenteerd in het plan 'Zonder respect geen voetbal'. Daarin stonden onder meer maatregelen als de hulplijn noodgevallen, tijdstraf bij gele kaart en het verbeteren van de spelerspas. Daarop kwam de volgende storm van kritiek: waarom niet een tijdstraf op alle niveaus? Hoezo is voor het spelregelbewijs een simpel internetvragenlijstje van tien vragen voldoende? Nee, makkelijk is het niet om de KNVB te zijn. Waarom is buitenspel niet afgeschaft? Enzovoort, enzovoort. Niet alleen Oranje heeft 16 miljoen bondscoaches, blijkbaar de bond ook. Gebeurt er eindelijk iets, grijpt de KNVB in: is het nog niet goed.

Niks mis mee. Een kritische blik is zelfs broodnodig. De KNVB is de enige aanbieder van officiële wedstrijden in Nederland en heeft daarmee een soort monopoliepositie. Wie wil voetballen in competitieverband dient zich aan te sluiten bij de KNVB. In door de voetbalbond georganiseerde wedstrijden is het aantal incidenten zowel in soort als omvang de laatste decennia danig toegenomen. Hoe hoog stond voetbalgeweld eigenlijk op de agenda in Zeist en de verschillende districtskantoren? Op de vraag of de KNVB de ontwikkeling richting extremer geweld op de amateurvelden heeft zien aankomen, antwoordde toenmalig districtsmanager Hans Schelling van West 1 in 2006 in *Het Parool*: 'Nee, wij hebben het onderschat. Het is stilzwijgend naar een kookpunt gegaan.' Stilzwijgend? Zelfs zonder de excessen die de bond om wat voor redenen dan ook niet bereikten, kon een ontwikkeling worden waargenomen. De KNVB registreert toch zelf al jarenlang het aantal molestaties van arbiters en het aantal gestaakte wedstrijden? Dat was in 2006 ook al zo. De laatste jaren registreert de bond niet alleen de excessen, rode en gele kaarten en verenigingsstraffen, maar zelfs hoe vaak teams niet kwamen opdagen, hoe vaak wedstrijden werden gestaakt vanwege onvoldoende spelers of hoe vaak teams geen spelerspassen bij zich hadden. Allemaal om in kaart te brengen hoe het met de sportiviteit en het respect van de leden gesteld is. Of, in sommige gevallen, niet gesteld is.

De nieuwe maatregelen moeten aan de sfeer een nieuwe impuls geven. Het kookpunt waar Schelling het in 2006 over had, hoopt de KNVB nooit meer te bereiken. Toch blijft het vreemd dat een KNVB-official zegt dat dat punt stilzwijgend werd bereikt. In 2006 beschikte de bond zelfs over een clubje wijze mannen dat op regelmatige basis bij elkaar kwam om over het onderwerp te praten en de bond van adviezen voorzag. Scheidsrechters, districtsbestuursleden, jeugdleiders en trainers, wetenschappers, kortom betrokkenen van allerlei allooi. Dus binnen de eigen gelederen werd gesproken over sfeer, geweld, molestaties, sportiviteit, suggesties tot verbeteringen gedaan en van die bijeenkomsten werd verslag gedaan en dat werd bij de KNVB neergelegd. De groep was de enige landelijke commissie die de bond adviseerde over geweld.

'Maar met die suggesties werd geen actie ondernomen om problemen werkelijk voor te zijn.' Aan het woord is Jan Janssens. Hij is lector Sport, Management en Ondernemen aan de Hogeschool van Amsterdam en zat van 2001 tot 2006 in het clubje wijze mannen, dat bijeenkwam in de klankbordgroep molestatiebeleid. Hij is ook trainer, coach, scheidsrechter en grensrechter geweest. Een prettige nasmaak over het overleg heeft hij niet echt. 'Het bleef steken in registratie, bestraffing, definities. We kwamen niet verder, ik had het gevoel dat de urgentie er ook niet bij iedereen was.'

Met iedereen bedoelt Janssens de KNVB. De klankbordgroep kwam een aantal keer per jaar bijeen en heeft in de periode dat die bestond, van 2001 tot 2009, ook Commissie Geweld en Agressie en Commissie Sporti-

viteit en Respect geheten. Maar erg productief en effectief was het overleg dus niet, zegt Janssens: 'Veel tijd ging verloren aan definitiekwes-
ties. Wat was molestatie? Welke houden we bij? Welke initiatieven zijn
er per district? Zelfs over de naam van de commissie werd vergaderd.'
In een eens door de groep opgesteld beleidsplan stond weinig interes-
sants, zegt Janssens zelfkritisch. Maar er kwamen volgens hem wel degelijk bruikbare ideeën om de sfeer te verbeteren uit het overleg naar
voren. Maar daar werd dan door de KNVB weinig mee gedaan, zegt hij.
'Er waren suggesties voor scheidsrechterbegeleiding en opleiding, een
verplichte spelregelcursus voor de jeugd, die er nu wel is, en verplichte
scheidsrechtercursussen voor jeugdleden. Zelf heb ik eens gesuggereerd
ter experiment een toernooi met andere spelregels te spelen en dan te registreren hoeveel overtredingen er worden gemaakt, hoe de sfeer van de
wedstrijd is, hoe de toeschouwers zich gedragen. Vaak werd er gezegd:
"Dat kan niet binnen het voetbal".' De voetbalsport is van oudsher een
conservatief bolwerk waar grote veranderingen zelden worden doorgevoerd door de beleidsmakers. Zie bijvoorbeeld de jarenlange discussie
over doellijntechnologie bij de profs.

Nu wil Janssens ook niet zeggen dat de KNVB in die periode helemaal
niets deed. Zo is de spelerspas opnieuw ingevoerd. Die was bij het sa-
mengaan van de twintig regioafdelingen en hoofdkantoor Zeist in 1996
afgeschaft. Vanaf het seizoen 2006/2007 is die pas weer verplicht voor
ieder spelend lid vanaf 11 jaar. Met dat instrument kan de identiteit van
de spelers worden gecontroleerd, zodat alleen speelgerechtigde spelers
in het veld staan. Illegale invallers, meldt de KNVB-site, vallen zo door
mand. Dat zijn bijvoorbeeld spelers die te oud zijn, lid van een andere
club of zelfs geen KNVB-lid. Ook kan bij misdragingen eenvoudiger
worden vastgesteld wie de betrokken speler is. De secundaire doelstel-

lingen zijn de negatieve randverschijnselen te verminderen, geweld terug te dringen, lik-op-stukbeleid en kwaliteit van de competities te verbeteren. Het bewijs, een kaart ter grootte van een bankpas, dient dus om fair play te bevorderen, maar is geen waterdicht systeem gebleken. Zie (onder meer) de fatale wedstrijd in Almere waar twee spelers zonder dat identiteitsbewijs op het veld stonden. Maar op de spelerspas na had Janssens niet het idee dat de commissie veel invloed had of dat de urgentie er was. 'Dat kwam ook omdat het in die tijd de goede kant op leek te gaan. Het aantal molestaties nam af. Maar dat waren alleen de geregistreerde zaken. Of het in werkelijkheid ook zo was? Het aantal scheidsrechters nam in diezelfde periode ook sterk af.' Hij laat uit zijn archieven een aantal staafdiagrammen zien. In het ene diagram is te zien dat het aantal standaardteams veel lager is dan het aantal overige teams. Standaardteams zijn de eerste elftallen van verenigingen. Bij wedstrijden van eerste elftallen fluit altijd een officiële scheidsrechter. Maar qua aantal incidenten, een pagina verder, lijkt de verhouding ongeveer fiftyfifty. De verklaring: vooral officiële scheidsrechters registreren incidenten, de clubscheidsrechters, die vooral de overige teams fluiten, laten dat na. Daar is-ie weer: het bekende scheidsrechters- en registratieprobleem.

Dat de KNVB de sfeer aan de hand van het aantal molestaties rooskleuriger voorstelt dan daadwerkelijk het geval is, is ergens nog te begrijpen. Als de cijfers dramatisch zijn, hang je dat niet aan de grote klok. Dat kost mogelijk aanwas van nieuwe leden. Ouders zullen misschien denken dat het beter is als hun kind gaat hockeyen of basketballen in plaats van geschopt worden bij het ruwe voetbal. Hier geldt niet de showbizz-regel dat ook slechte publiciteit goede publiciteit is. Is het aantal incidenten gelijk gebleven of afgenomen, dan meld je dat. Logisch. Maar dat met de suggesties van de enige commissie die de bond adviseerde over geweld niets werd gedaan, is haast niet te bevatten. Het geweld was onmiskenbaar en de incidenten ook in die periode talrijk en ernstig. 'Het heeft nooit geweldige prioriteit gehad bij de KNVB,' zegt Janssens. 'De personen wisselden ook, dan werd er weer een tijdje niet vergaderd. Op een gegeven moment is het als een nachtkaars uitgegaan.'

Dat was nog maar een paar jaar geleden. De commissie begon langer dan tien jaar geleden. Kan het zijn dat Janssens zich de eerste jaren van de bijeenkomsten niet goed herinnert? Of door de dood van Nieuwenhuizen de gang van zaken tussen de commissie en de KNVB overdrijft? Of door de – naar zijn zeggen – geringe prioriteit bij de bond voor hun suggesties een tikje rancuneus is? We verifiëren zijn verhaal bij enkele andere leden van de klankbordgroep.

Rein van Veen was bestuurslid van de KNVB in district Noord en zat in die hoedanigheid in de klankbordgroep. Zijn ervaringen zijn vergelijkbaar. 'De aanbevelingen werden niet uitgevoerd of bleven liggen in de ambtelijke molen van de KNVB. Onze commissie gaf geen officieel advies aan het bestuur amateurvoetbal. Als wij iets hadden bedacht kwam het via een officieel kanaal bij het bestuur terecht, zoals Wedstrijdzaken of het Overlegorgaan tuchtcommissie.' Spijkers met koppen werden er amper geslagen, zegt hij. 'Er werd veel gepolderd. Het was heel veel brainstormen en dat bleven ideeën. De laatste jaren had ik vaak het idee dat sommige zaken acht jaar daarvoor al waren besproken. Daar werd ik mismoedig van.' Ook Van Veen denkt dat de naar buiten gebrachte cijfers niet de werkelijke cijfers op de velden waren. Een deel van de na Nieuwenhuizen ingevoerde maatregelen, zoals de tijdstraf, het spelregelbewijs en het meldpunt, waren allemaal al een keer bedacht. 'Dus het is niet dat er niets is gebeurd. Bij molestaties werden de verenigingen aangesproken en de cijfers werden bijgehouden. Al was dat afhankelijk van welk district. In Noord zijn wij er in ieder geval wel mee aan de slag gegaan.'

Oude wijn in nieuwe zakken, noemt Theo Solen de in maart gepresenteerde maatregelen. De huidige voorzitter van NL Sportarbitrage, een stichting die zich op veel gebieden inzet voor sportarbiters in Nederland, zat destijds als landelijk voorzitter COVS (Centrale Organisatie van Voetbal Scheidsrechters) in de commissie. 'De tijdstraf is tig keer ter sprake gekomen. Maar dan was het tegenargument dat voetbal een buitensport is en dat langs de lijn staan slecht voor de gezondheid is. Of dat het onmogelijk was voor scheidsrechters om bij te houden.' De voormalige scheidsrechter hield zich binnen de commissie voornamelijk bezig met de arbitrage. Met een kort rekensommetje illustreert ook hij nog eens het grootste probleem. 'De excessen waren het topje van de ijsberg. We hadden toen 6.500 scheidsrechters, van wie er 75 tot 80 procent per weekend werden ingezet, omdat men niet altijd beschikbaar is.' Solen rekent voor dat er dan zo'n 22.000 wedstrijden door clubscheidsrechters werden geleid. Een zuinige rekensom, gezien het feit dat er ook in die jaren per weekend gemiddeld meer dan 30.000 wedstrijden werden gespeeld. Er zouden eerder een stuk of 25.000 duels door niet-officiële fluitisten worden geleid. Hoe dan ook, Solen concludeert: 'Als bij die duels iets gebeurde, kwam dat niet bij de KNVB terecht. Tenzij het de volgende dag in de krant stond.'

Solen is nog een stuk kritischer op de KNVB dan Janssens en Van Veen. 'Arbitrage was een ondergeschoven kindje. Nu kunnen scheidsrechters zich verzekeren en is er begeleiding en nazorg. Destijds had ik het idee van een centraal meldpunt, dat nu is ingevoerd. Kon toen niet, geen geld. Eerst moet iemand doodgeslagen worden, voordat men in beweging komt. Bonden zijn te log, hebben te weinig gevoel met de grasmat.' Tot slot, over de commissie die de bond adviseerde over geweld en te nemen maatregelen, zegt hij: 'Het was dramatisch af en toe. Veel verdween in de bureaula en dan gebeurde er niets. Als er adequaat op gereageerd was, waren we veel verder geweest.' Goed en wel beschouwd zeggen alle drie dat de bond niets deed met hun suggesties. Terwijl hun collectief destijds de enige klankbordgroep was die de KNVB adviezen aandroeg om de sfeer ten aanzien van voetbalgeweld te verbeteren. Nog kwalijker: er was geen prioriteit voor voetbalgeweld of de suggesties strandden door de heersende conservatieve houding in de voetbalsport. Ook valt uit hun mening te concluderen dat 'we' een stuk verder waren geweest als adequaat was omgesprongen met alle ideeën.

Het zijn de woorden van direct betrokkenen, met een bepaalde expertise, die hun inspanningen zagen verzanden in niets. Ook de KNVB had een afgevaardigde in die commissie. Joris Bouwmeister zat vanaf 2002 als projectmedewerker Masterplan Arbitrage en later beleidsmedewerker wedstrijdzaken namens de KNVB in de klankbordgroep. Hij erkent dat veel tijd verloren ging aan definiëringsvraagstukken. 'De prioriteit lag in het begin bij de registratie van het geweld. Bijvoorbeeld bij een molestatie bleek het lastig aangeven in welke categorie die moest worden geregistreerd. Hoe zwaar was die molestatie? Waren er meerdere mensen bij betrokken? Bij het ene district was er bijvoorbeeld meer aandacht voor de hoeveelheid personen dan bij het andere. Er waren allerlei grijze gebieden en in de wijze van registratie is veel tijd gaan zitten. Daardoor was het in eerste instantie moeilijk om een eenduidig landelijk beeld te krijgen.'
Maar we hebben best stappen gezet, voegt hij eraan toe. 'Er is de Handlei-

ding gemolesteerde scheidsrechters gekomen, met daarin uitleg hoe te handelen bij geweld. Wie te berichten, hoe de scheidsrechter hulp moet krijgen. Daar is veel aandacht voor geweest en veel tijd in gaan zitten. Er moesten veel ogen overheen. Dat had te maken met de structuur van de KNVB, het besluitvormingstraject.' Dat zorgde voor vertraging. Ook bestond destijds al een niet verplichte spelregelquiz en werd gesproken over een spelregelbewijs. 'Heel langs zelfs. Dat sommige adviezen niet werden opgevolgd, had zeker te maken met de cultuur van het voetbal. Het was ook de vraag of we bepaalde zaken konden bekostigen. Destijds was de tijd niet rijp.'

De tijd was niet rijp. Het klinkt ongelooflijk. In een periode waarin meerdere (jeugd)scheidsrechters werden mishandeld en een speler door meerdere schoppen schedel, neus en beide oogkassen brak, om maar eens wat voorbeelden te noemen, was de tijd niet rijp om veranderingen door te voeren. Er was al aanzienlijk geweld. Bouwmeister: 'Mee eens. De prioriteit en instelling waren anders. Er werd gekozen voor andere acties, zoals het Masterplan Arbitrage.' Dat project ging in 2003 van start. Een belangrijk onderdeel van het plan was het opleiden van zo'n zesduizend beginnende arbiters, naar behoefte. Zo waren er opleidingen voor het fluiten van senioren, maar ook voor pupillen- en juniorenscheidsrechters. Verder was er onder meer aandacht voor het instellen van een scheidsrechterscoördinator bij elke vereniging en mentale weerbaarheid van fluitisten. Bouwmeister vervolgt: 'Ook zijn de mogelijkheden verruimd voor de tuchtrechtspraak om hele teams of verenigingen uit de competitie te gooien. De halve gele kaart, die je kon krijgen voor praten tegen de scheidsrechter, is afgeschaft. Er zijn echt wel wat maatregelen genomen.' Vindt Bouwmeister het ook kwalijk dat er met zoveel adviezen niets is gedaan, zoals Janssens, Van Veen en Solen beweren? 'Zij hadden verwachtingen van de klankbordgroep, maar de KNVB was nog niet zo ver. Er kwamen allerlei ideeën op tafel, maar die kun je niet zomaar in twee maanden hebben ingevoerd. Dat het frustreert als er met die ideeën niks wordt gedaan, snap ik heel goed.'

De stugge, conservatieve houding van zijn toenmalige werkgever valt niet de destijds net afgestudeerde Bouwmeister aan te rekenen. Wat de huidige voorzitter van de amateurvoetbalbond er over te zeggen heeft, komt verderop. Ruud Bruijnis was directeur van de sectie amateurvoetbal in die periode, van 1993 tot 2012, met een tussenpoos in 2010/2011 vanwege ziekte. De kritiek wimpelt hij deels weg: 'Er is wel veel gebeurd met de suggesties. Als die mensen beweren van niet, dan kan ik daar niks mee.' Wel zegt hij: 'Je bent liever bezig met positieve dingen. Voor aandacht en financiën voor negatieve zaken moet je knokken. Achteraf kun je je afvragen of je doortastend genoeg geweest bent.' En? Hij antwoordt zelfkritisch: 'De KNVB moet ervoor zorgen dat het aantal excessen afneemt. Ik moet eerlijk zijn. In de periode dat ik directeur was, daalde het aantal licht, maar niet in die mate dat ik tevreden ben.' Hoeveel geld er naar geweldsbestrijding is gegaan, is lastig te beantwoorden. Bruijnis: 'Geweld bestrijd je door goede competities te maken. Daar is de KNVB voor opgericht en daarin heb ik geïnvesteerd, maar dat is niet in geld uit te drukken.'

Maar, zegt Janssens, eerlijk is eerlijk, iedereen moet in de spiegel kijken. We moeten sowieso niet alleen de KNVB aankijken op de problemen op de velden. 'De hele voetbalwereld heeft veel te lang weggekeken. De bond ziet niet alles. Wij, de ouders, trainers, scheidsrechters, bestuurders laten ook van alles gebeuren en grijpen niet in.' Hij geeft een voorbeeld. 'Trainers laten een speler die zich de ene week heeft misdragen, de andere week gewoon weer spelen. Want die wedstrijd moet natuurlijk ook weer worden gewonnen. Maar wat is die overwinning waard? Zet hem maar een wedstrijd ernaast, laat het hem en zijn team maar voelen. Dat hij zich de volgende keer beter gedraagt, dat is pas echt winst.'

Janssens is er niet gerust op dat er nu opeens veel gaat veranderen. Er is een mentaliteitsverandering nodig en dat kost tijd, die kan niet van de ene op de andere dag worden gerealiseerd. Van de discussie maakt hij een soort kip-en-eiverhaal. Kunnen we niet beter iets aan de regels veranderen, zodat het discussiëren afneemt en hopelijk de agressie? Janssens: 'Het suddert namelijk allemaal maar voort, wachtend op het volgende incident. Het is absoluut nodig dat we iets aan de mentaliteit doen. Elkaar tot de orde roepen, ouders kalmeren, dat moeten we allemaal bevorderen. Maar op korte termijn ga je er niets mee bereiken. Al die zaken waarvan je discussie kunt verwachten, zou je kunnen aanpakken. Buitenspel, de voordeelregel, de clubscheidsrechter. Al vlagt de grensrechter eerlijk, hij heeft altijd de schijn tegen. Als voetbalwereld zijn we verplicht verschillende maatregelen te proberen.'

Een nobel streven en Janssens heeft zeker een punt, maar het zijn nu juist niet de voetbalbonden die bekend staan om hun geëxperimenteer en drang om nieuwe spelregelmaatregelen in te voeren. De voetbalwereld is niet zo veranderingsgezind als bijvoorbeeld het hockey. Daar verdween in 1996 de buitenspelregel en werd een paar jaar geleden de self-pass ingevoerd, waarbij een spelhervatting door middel van een soort dribbel mocht worden genomen. De meest recente, ingrijpende spelregelwijziging in het voetbal is het verbod op het oppakken van een terugspeelbal door de keeper en die regel is inmiddels alweer twintig jaar oud. Geen regel die nu direct zorgt voor een verbeterde sfeer op de velden. Maar er zijn er een hele hoop die irritatie in het veld tussen spelers en scheidsrechters kunnen wegnemen.

Om die reden vond ook politicus Bart de Liefde het jaren geleden zaak zich in de discussie te mengen. Het Tweede Kamerlid was in het vorige kabinet woordvoerder Sport voor de VVD-fractie. Hij is bovendien internationaal hockeyscheidsrechter. De Liefde ergert zich al jaren aan de conservatieve houding van de KNVB. Hij is van mening dat argumenten tegen geweld al jaren tegen dovemansoren zijn gericht. Wat bedoelt hij daarmee? 'Er is de afgelopen tien jaar weinig veranderd. Voetbal is een conservatieve sport met weinig vernieuwing. Het is moeilijk geweest voor het voetbal te erkennen dat er iets mis is.'

De Liefde heeft zelf ondervonden dat met slimme spelregelwijzigingen irritaties uit het spel gehaald kunnen worden. Het aantal protestmomenten en dus het aantal incidenten verminderen. 'Het aantal potentiële incidenten,' verbetert hij. Snel genomen self-passes zorgen er bijvoorbeeld voor dat protesteren bij de scheidsrechter nog nadeliger wordt, omdat de verdedigende ploeg nog sneller in een ondertal komt te staan. Een voorbeeld van een wijziging die een aanwinst kan zijn. Maar de door de KNVB in maart gepresenteerde maatregelen zijn vooral voor buiten de lijnen. Ook prima, vindt De Liefde, maar wel rijkelijk laat. 'Je kunt met spelregelwijzigingen de sport veiliger en leuker maken. De KNVB is afhankelijk van oude mannen in Engeland (de International Football Organisation Board is het orgaan dat de spelregels vaststelt), maar de voetbalbond voert nu wel wat veranderingen door in het amateurvoetbal. Die maatregelen werden in maart 2013 gepresenteerd als nieuw, maar die stonden al in 2011 in het Actieplan 'Naar een veiliger sportklimaat'. Het is triest dat Nieuwenhuizen is overleden, maar des te triester dat de KNVB dingen die ze in 2011 bagatelliseerden of probeerden tegen te houden, nu alsnog wel doorvoeren. Het spelregelbewijs is een mooie stap, maar het zou mooi zijn als die verder gaat dan tien, twintig vragen op internet invullen.'

Een spelregel die voor veel irritatie leidt is buitenspel. Clubgrensrechters 'pakken punten' voor hun club door opzettelijk vals te vlaggen. En ook de al dan niet hinderlijk buitenspel staande speler zorgt voor de nodige discussie en dus irritatie richting de scheidsrechter. Alleen al om die redenen zou het afschaffen van de buitenspelregel het voetbal ten goede komen. Maar er is meer dan dat, zegt de politicus: 'Je krijgt meer doelpunten en technische spelers krijgen meer ruimte. Men komt toch naar het stadion voor doelpunten en mooie acties? Conservatieve critici zeggen dan dat er een mannetje bij de keeper wordt neergezet. Maar dan zet de ander daar weer een verdediger bij en dan is het twee tegen een.' De Liefde zegt dat de spelsystemen zullen wijzigen en dat een dergelijke spelregelwijziging ervoor zorgt dat voetbal alleen maar leuker wordt om naar te kijken. En dat heeft een prettige bijkomstigheid, volgens hem. 'Bij het hockey zijn er dertig procent minder fluitsignalen en veertig procent meer doelpunten. De kans dat wedstrijden eindigen in 1-0, 0-0 of 2-1 wordt kleiner. Meer doelpunten en mooiere acties betekenen ook meer inkomsten. Dus als voor de hoge heren de schoonheid van de sport al geen argument is, dan is er nog altijd het financiële aspect.' Met de laatste zin doelt De Liefde op het betaalde voetbal. Maar volgens hem vergroot het opheffen van offside de attractiviteit van het voetbal op alle niveaus.

De VVD'er kaartte al in 2011 geweld op het sportveld aan, met het Actieplan 'Naar een veiliger sportklimaat' als resultaat. Dat is een samenwerking tussen onder meer de ministers van Volkgezondheid, Welzijn en Sport en van Veiligheid en Justitie en NOC*NSF, KNVB, KNHB en gemeenten. Daarvoor trok het kabinet destijds 7 miljoen euro per jaar uit tot 2016. In het vier pagina's tellende document staan 'maatregelen gericht op het aanpakken van ongewenst gedrag en excessen en het cre-eren van een veiliger sportklimaat,' schrijft minister Schippers in de be-geleidende brief. Over het aanpassen van de regels staat weinig, behalve dat wordt ingezet op het bevorderen, verduidelijken en aanscherpen van spelregels die een positieve bijdrage leveren aan sportiviteit en respect. Meer gaat het over de sanctionering. Aangifte bij strafbare feiten moet behalve door het slachtoffer ook gedaan kunnen worden door de ver-eniging. En de straffen na geweld tegen de scheidsrechter en collectieve vechtpartijen worden zwaarder.

In dat plan stond ook het voorstel om geweld tegen officials, zoals de scheidsrechter, net zo zwaar te straffen als geweld tegen onder meer ambulancebroeders en buschauffeurs. Dat idee bleef twee jaar liggen. Nu, na de dood van Nieuwenhuizen, wordt opnieuw onderzocht of het wettelijk mogelijk is. Een goede zaak, vindt De Liefde, al zou hij die mo-gelijkheid willen doortrekken. 'Dan moet je ook in het betaalde voetbal aangifte doen. Met allerlei camera's is de bewijsvoering zo gepiept.' Hij heeft het eerder aangekaart, maar strandde. 'Omdat aangifte ook tot een gevangenisstraf kan leiden, wilden de KNVB en de clubs hier niet aan. Die angst snap ik nog wel. Dat doet de naam van het voetbal, je club en de bond in het begin geen goed.' Daar kwam volgens De Liefde bij dat het geweld ook niet zo'n groot probleem werd bevonden. 'Belachelijk natuur-lijk. Hoe lang houd je elkaar voor de gek? Bij de profs zijn er voortdurend opstootjes en verbaal of fysiek dreigend gedrag naar de scheidsrechter. Als de jeugd dat op televisie of in het stadion ziet, is het niet zo raar dat zij dat zelf op zaterdag ook doen. Slecht voorbeeld doet slecht volgen.'

Dus moet er één lijn komen in straffen voor profvoetballers en liefheb-bers, zegt hij: 'We hebben ook aangegeven dat er een einde moet komen aan het verschil in tuchtrecht tussen profs en amateurs.' De VVD'er pleitte ervoor dat profs zelfs strenger worden gestraft vanwege de belangrijke voorbeeldfunctie. Beide reglementen werden volgens hem onder druk van de politiek enigszins aangepast. 'Maar er zijn nog steeds verschillen. Een stuk of vier, vijf. Een is dat een prof niet voor het leven kan worden geschorst, maar een amateur wel. Waarom? Iemand is toch verantwoordelijk voor zijn eigen gedrag, niet een bond.' Zo werd de beet van Luis Suárez in de nek van Otman Bakkal in 2010 bestraft met acht wedstrijden. De Liefde: 'Terwijl een amateur daarvoor voor jaren geschorst zou worden. Profs hebben een voorbeeldfunctie. "Profs zijn afhankelijk van hun inkomen dat ze met voetbal verdienen," werd dan gezegd. Gelul. Je staat in het veld om te voetballen, niet om te slaan, spugen, schoppen of bijten.'

De kritiek op de KNVB is niet mals. Al dan niet voetballende leden vinden dat de bond ernstig tekort schiet en spuien die mening. Of zij zelf een poot uitsteken valt in elk geval over de op internet reagerende mensen niet te zeggen. Maar niet alleen zij uiten kritiek. Ook insiders die vanwege hun professionele expertise of betrokkenheid in de voetbalsport iets zinnigs kunnen zeggen, hebben niet altijd even positieve ideeën over het optreden van de voetbalbond. Hoe kijkt de KNVB eigenlijk zelf naar zijn eigen handelen?

DE KNVB KAN HET NIET ALLEEN

8

Na alle bevindingen van omstanders en kritiek van andere betrokkenen, is het hoog tijd om met de KNVB om de tafel te gaan voor een lang gesprek. De bond moet immers ook de gelegenheid krijgen het beleid toe te lichten en te reageren op de kritiek. Maar in een gesprek lijkt de KNVB weinig trek te hebben. Het verzoek voor een interview wordt begin juni verstuurd, maar na eindeloos heen en weer bellen en e-mailen, vindt het uur durende gesprek pas begin september plaats. Directeur amateurvoetbal Anton Binnenmars is dan net een paar dagen vertrokken uit Zeist. Het interview is met Bernard Fransen. Hij werkt sinds 2009 bij de KNVB als voorzitter van de sectie amateurvoetbal.

Hoe kijkt u aan tegen het verenigingsleven?

Fransen: 'Er is bij mij een omslag geweest in het denken over verenigingen. Na 3 december, toen wij clubs opriepen mee te denken, heb ik een enorme positieve kanteling gezien. Er werd hier en daar gedacht dat de KNVB het probleem wel oploste, maar er zijn fenomenen waarop wij geen invloed hebben. Zoals excessen. Wij doen ontzettend veel, maar kunnen het niet alleen. We hebben heel veel gesprekken met verenigingen gevoerd. Door die enorme betrokkenheid, de creativiteit van bestuurders en drive om het met elkaar beter te doen, heb ik een veel positiever beeld gekregen van al die vrijwilligers bij de verenigingen. We hebben op onze oproep meer dan 3.000 reacties ontvangen en heel veel van die suggesties hebben we in de maatregelen, die we in maart en dit seizoen hebben doorgevoerd, een plek kunnen geven.'

De excessen worden sinds de oprichting van de Taskforce effectieve aanpak excessen in 2011 bijgehouden. Waarom pas sinds 2011?

'We hielden dergelijke statistieken al langer bij. Vóór 2011 hadden we het begrip molestatie. Dat ging om geweld tegen de scheidsrechter. Op 28 april 2011 is de Taskforce opgericht. Daarmee wilden we excessen gaan aanpakken. Daarin wordt zowel fysiek als verbaal geweld bijgehouden tegen iedereen die met het voetbal te maken heeft. De cijfers van voor en na 2011 zijn daardoor niet met elkaar te vergelijken. Dat zijn appels en peren, omdat in de cijfers na 2011 alle excessen zijn meegenomen en niet alleen die van geweld tegen scheidsrechters. Met de oprichting van de Taskforce hebben we ook besloten de excessen openbaar te maken, omdat we transparant en open willen zijn. Die maken we elk halfjaar openbaar ter bevordering van respect en om het tegengaan van geweld te kunnen monitoren. Maar al vanaf 1997 hadden we de werkgroep molestaties. Die had eigenlijk dezelfde taken als de Taskforce. Als je dan door de jaren heen constateert dat we er nog niet geheel grip op hebben, als dat al kan, dan doe je alles om die cijfers terug te brengen. Voor ons geldt dat we het nog beter willen doen. En we moeten het samen doen, we kunnen het niet alleen.'

In maart en ook bij de presentaties van de cijfers in augustus verkondigde de KNVB dat er minder excessen waren. Hoe kan de bond dat zeggen als er 5.575 officiële scheidsrechters zijn en gemiddeld 33.000 wedstrijden per weekend? Met andere woorden: minstens tweederde van de wedstrijden wordt gefloten door clubscheidsrechters, vaders en andere vrijwilligers die incidenten lang niet altijd doorspelen naar de KNVB, zoals algemeen bekend is.

'Wij sluiten onze ogen er niet voor dat in de B-categorie niet alles wordt gemeld. Scheidsrechters worden onder druk gezet om zaken niet door te geven. Niet goed te praten, maar het gebeurde wel. Ik weet niet of het nu nog gebeurt. De daling is inderdaad op basis van de cijfers zoals bij ons bekend. Dat daarin mogelijke incidenten niet zijn opgenomen, kunnen we niet volledig uitsluiten. Maar desalniettemin is er wel degelijk een daling zichtbaar. De excessen worden minder. Het is nu niet zo makkelijk meer om te ontsnappen. Ik ben ervan overtuigd dat er in toenemende mate het besef is dat er geen ruimte meer is om incidenten te verzwijgen en dat men die gaat melden.'

Nogmaals, het is naïef om te denken dat alles op de wedstrijdformulieren wordt gezet. Je kunt niet zeggen dat het aantal excessen afneemt als op minstens de helft van alle wedstrijden geen officiële scheidsrechter staat.
'Vanzelfsprekend kunnen wij ons alleen baseren op cijfers die bekend zijn. En daar is wel degelijk een daling te zien. Maar je hebt een punt. We zullen dat moeten monitoren. We stimuleren dat wedstrijdformulieren goed worden ingevuld. Dat was ook een van de actiepunten. Ook gaan er 180 waarnemers langs de verenigingen. En ik heb in toenemende mate het vertrouwen dat het besef aanwezig is. Ook vanwege de openbaarheid en de drempelloosheid van het melden. Stel dat een scheidsrechter onder druk of waarom dan ook iets niet meldt, dan zijn er nog omstanders, bestuurders of waarnemers. De cultuur om zaken wél te melden, is beter.'

Wat zijn de belangrijkste maatregelen die de KNVB de afgelopen jaren heeft doorgevoerd?
'In 2004 kwamen er waarnemers, in 2005 is het lik-op-stukbeleid ingevoerd. In 2006/2007 is de spelerspas ingevoerd. In 2010 kwam de landelijke lijst voetbalverbod waarop clubs geroyeerde spelers kunnen doorgeven. Van 2005 tot 2010 was er het project Tijd voor Sport. Nu hebben

we ook de Verenigingsbox. Die geeft handvatten aan clubs. Wat voor vereniging ben ik, wat vinden we belangrijk, wat zijn belangrijke waarden, hoe kunnen we een rol spelen in de maatschappij?

In de opleidingen voor scheidsrechters en trainers worden pedagogische aspecten ingebracht. Als je daar niet op inzet, heb je een cultuur waarin alleen het winnen belangrijk is. Het doel heiligt niet alle middelen. Winnen is goed, maar als dat ten koste gaat van de manier waarop je dat doet, dan zijn we verkeerd bezig.'

Werkt de spelerspas zoals vooraf gehoopt?

'Nee, anders hadden we die niet aangescherpt. Het kan altijd beter. Er wordt mee gesjoemeld. Ook een uiting van het doel dat alle middelen heiligt. Dat kan niet. Het moet fair play blijven. Dat kost tijd. Je moet controleren en handhaven. Nu worden er controles vooraf gedaan. Dat zou eigenlijk niet nodig moeten zijn.'

Bij Nieuw Sloten stonden ook spelers op het veld zonder pas.

'Dat kan niet zo zijn. Maar dat is ook een verantwoordelijkheid voor de verenigingen. Denk niet dat wij de illusie hebben met alle maatregelen de wereld aan een touwtje te hebben. Maar we hebben wel het idee dat het samen met de clubs beter gaat. We gaan ook niet tevreden achterover hangen. Nul excessen is een utopie, maar daar moet je wel naar streven.'

Drie leden die van 2002 tot 2009 zitting hadden in de Commissie Geweld en Agressie of Klankbordgroep zeiden unaniem: 1) met onze suggesties is amper iets ondernomen/verdwenen in een bureaula of de ambtelijke molen van de KNVB, 2) de KNVB antwoordde dikwijls over suggesties 'dat kan niet in het voetbal', 3) er was voor geweld helemaal geen prioriteit bij de KNVB. Reactie graag. Hoe kan dit?

'Dit beeld herken ik niet. Was ook voor mijn tijd. Het is een goed signaal om nog eens te na te gaan of we in staat zijn dat nu wel goed te doen. We zijn hier al sinds 1997 mee bezig. Dat het niet optimaal verlopen is of dat de KNVB het niet aanpakte, dat weet ik niet. Laat het duidelijk zijn dat dat nu niet de cultuur moet zijn. Misschien was het te weinig zichtbaar, maar er was wel aandacht voor. Hun suggesties zijn wel degelijk in beleidsplannen meegenomen, dus die commissie is wel serieus genomen. Dat we nu een front vormen met verenigingen is een fantastisch resultaat. Daar waren we al mee bezig, maar dat is door die vreselijke gebeurtenis versneld.'

Enkele suggesties uit die klankbordgroep waren: meldpunt, tijdstraffen en het spelregelbewijs. Zaken die nu wel zijn geïntroduceerd.
'Ik kan geen uitspraken doen over het verleden.'

Hoeveel geld gaat er naar geweldsbestrijding?
'We kunnen dat niet in geld uitdrukken. We ondersteunen en faciliteren verenigingen. We leiden scheidsrechters op, trainers. In elk geval is een half miljoen euro extra uitgegeven aan het actieplan 'Tegen geweld, voor sportiviteit'. Of dat voldoende is op jaarbasis vraag ik me af. Drie ton komt van het ministerie en dat is buitengewoon, maar zou niet structureel moeten zijn. Er is geen pot geweldsbestrijding. Primair zijn wij niet bezig met het bestrijden van geweld, maar met het organiseren van competities en het ondersteunen van verenigingen. Dus we zijn aan de preventieve kant bezig.'

In hoeverre kan de KNVB regels bij de amateurs aanpassen?
'We zijn altijd gebonden aan de FIFA-regels. We moeten heel veel moeite

doen om iets te veranderen. De FIFA heeft zijn spelregels. Soms krijgen we in de recreatieve B-categorie iets voor elkaar, zoals nu met de tijdstraf. Zoiets is dan het maximale.'

Hoe ziet de KNVB de voorbeeldfunctie van de profs?
'Dat is ook hier een punt van discussie. In het betaalde voetbal spelen de wereldregels een rol en de onderlinge afspraken. De voorbeeldfunctie van profs is enorm. Wat zondag bij de profs gebeurt aan gedrag van spelers en coaches zie je het weekend daarna terugkomen bij de amateurs. Dat het gewoon is dat je een speler neerlegt die doorbreekt. Dat heb ik zelf zien gebeuren.'

Zijn jullie tevreden over de in maart 2013 gepresenteerde maatregelen die per direct ingingen, de hulplijn noodgevallen en meldpunt wanordelijkheden?
'We zijn tevreden dat onze leden ons op dit moment weten te vinden en dat we ze kunnen ondersteunen waar nodig. En dat incidenten op de velden, bij profs of amateurs, met verontwaardiging worden ontmoet. In elk geval geven de maatregelen transparantie en grip op wat er gebeurt.'

Hoe vaak is de hulplijn gebeld? Hoe vaak is het webformulier van het meldpunt ingevuld?
'De hulplijn noodgevallen is vanaf het weekend van 23 maart 2013 beschikbaar. Sindsdien zijn er 66 meldingen binnengekomen, wat uitkomt op ongeveer 6 meldingen per competitieweekeinde. Voor het overgrote deel betroffen de meldingen noodgevallen. Het meldpunt heeft sinds 23 maart 262 meldingen binnengekregen, wat uitkomt op ongeveer 22 meldingen per competitieweekeinde. Wel is het zo dat niet in alle gevallen sprake was van een melding in het kader van sportiviteit en respect.'

Kritische betrokkenen zeggen dat de in maart gepresenteerde maatregelen te weinig zijn. Bijvoorbeeld: Waarom laten we jeugd niet verplicht fluiten?

'Je moet ook een beetje salamitactiek toepassen. De cultuurslag moet je eerst maken. Je kan niet meteen alles veranderen. Wij willen dat het normaal is dat voetballers op jonge leeftijd een opleiding krijgen en de spelregels kennen. Dat zorgt voor meer acceptatie en begrip voor de beslissingen van de scheidsrechter. Maar we blijven niet stilstaan, zoals nu ook met de spelerspas. De ontwikkelingen gaan door. Daar zitten we bovenop.'

Maar zo'n spelregelbewijs krijg je al bij het beantwoorden van tien vraagjes op internet. Dat stelt niet zoveel voor.

'Het begint ergens mee. De KNVB start dit seizoen een pilot. De bewustwording is misschien nog belangrijker. Maar als blijkt dat dit aangescherpt moet worden, dat het bijvoorbeeld een volwaardige cursus moet zijn, dan zijn wij de laatsten om dat niet te doen. Dat komt dan vast wel boven. Het is niet zo dat we maatregelen hebben neergelegd en dat het dan daarbij blijft. Overigens bestaat de spelregeltest voor scheidsrechters die op het WK fluiten uit vijftien vragen.'

Wat zijn de verwachtingen van de maatregelen die dit seizoen zijn ingaan?

'Best hoog. Maar je moet ook reëel blijven. We hebben de wereld niet aan een touwtje. Als je jezelf maar niks kan verwijten. In elk geval is het urgentiebesef bij de verenigingen verhoogd. Ga naar verenigingen en ik weet zeker dat tachtig procent maatregelen heeft genomen. Bijvoorbeeld de huisregels. Die hadden clubs vroeger nooit. Dat zijn mooie dingen. Maar het begint bij besturen. Daarin heb ik steeds meer vertrouwen gekregen.'

Clubs royeren steeds vaker. Verlegt de voetbalsport het probleem niet naar de andere clubs of sporten?

'Dat is een problematiek die we goed in de gaten moeten houden. Aan de ene kant is het heel goed dat we beleid hebben over regels die niet horen bij een voetbalclub, maar op het moment dat er geen opvang is voor deze mensen, dan moeten we goed met andere partijen gaan nadenken. Daar zitten absoluut verbeterpunten.'

Hoe kijkt u terug op het functioneren van de KNVB na 2 en 3 december?

'We hebben intern gekeken waar het wel en niet goed ging. De KNVB heeft niet altijd even adequaat gereageerd. Soms is dat verwijtbaar gedrag. In dit geval was het geen verwijtbaar gedrag, maar wel gedrag dat niet hoort bij de professionaliteit van de KNVB. Intern zijn er ook maatregelen genomen en afspraken gemaakt. Individueel in de richting van personen. We zijn alles steeds beter aan het doen, maar we moeten goed naar onszelf kijken. We willen niet de arrogante KNVB zijn.'

Wat ging er niet goed vóór het incident met Nieuwenhuizen?

'Ruim anderhalf jaar geleden was er ook een dode op een veld in Amsterdam-Noord. Dat zette iedereen op scherp. Dat zou eigenlijk niet mogen gebeuren. Iedereen doet z'n best, is druk met z'n werk en dan raak je in routines. Dan moet er helaas soms een schok gebeuren om iedereen op scherp te krijgen. Hoe welvarender, hoe luier. Hoe beter het gaat, hoe minder incidenten, hoe minder vooruitgang en innovaties. Dat zijn algemene regels in organisaties. Als je ziet wat er nu gebeurt, is dat de winst, tussen haakjes want zoiets gun je niemand, van zo'n vreselijke situatie. Maar zo werkt het wel in het leven. Dat geldt op alle niveaus. Zo worstelen wij ons door het leven. Dat we leren van de dingen die we niet goed gedaan hebben. Maar je moet jezelf niet kunnen verwijten dat je niet actief of pro-actief bent geweest, dat je er niet alles aan gedaan hebt. Dat verwijt kan de KNVB zichzelf niet maken. We zijn wel scherper, dat moeten we wel constateren. Zo werkt het blijkbaar. Je moet jezelf als organisatie altijd afvragen of je niet nalatig bent geweest.'

En wat concludeerde de KNVB?
'In dit geval hadden we een aantal dingen beter kunnen doen. Hoe wij na die gebeurtenis hebben gereageerd, daar zitten wel verbeterpunten. Daar zijn wij verantwoordelijk voor en dat is ook geen excuus.'

'MENSEN DIE IEMAND DURVEN AANSPREKEN, ZIJN ER NIET ZO VEEL'

9

De kritiek op de KNVB was immens, soms terecht, soms niet. Soms stond de KNVB met de rug tegen de muur, maar de bond gaf eerlijk toe het niet alleen te kunnen. Hoe is de sfeer bijna een jaar na de dood van Nieuwenhuizen? Hoog tijd om de thermometer in het clubleven te steken en te peilen hoe het gesteld is met de sfeer op de velden. Hoe verloopt een gemiddelde zaterdagochtend? En wat denken de direct betrokkenen: wordt de sfeer beter of is er geen steek veranderd? Welke maatregelen nemen de clubs? Wat werkt en wat werkt niet?

'Omdraaien, omdraaien. Kom op, kom op. Ja! Ja! Ja!' Op een prachtig egaal, nog vochtig grasveld in de Haarlemmermeer hobbelt een kluitje E-pupillen op een vroege zaterdagochtend in september achter de bal aan. Pancratius tegen AFC. Badhoevedorp tegen Amsterdam-Zuid. Blonde koppies. Milan, Mick, Milos, maar ook Yassine en Appie. Langs het veld ijsbeert een opgewonden vader. Kaal, spijkerbroek onder een felgekleurde banenjas. 'Ja, hé! Nu wij weer.' Stil is hij geen moment. 'Zo, die is wakker,' merkt iemand gevat op die achter de man langs loopt.

Op een groepje vaders na staan alle ouders keurig achter de hekken. Bijna zoals de KNVB dat het liefste ziet. De felle vader bestrijkt de hele zijkant, alsof hij zelf als flankspeler in het veld staat. Hij stapt stevig langs de lange zijde achter het grote doel - de E'tjes spelen in de breedte op een half veld – als zijn ploeg AFC in de aanval is. Bij een corner loopt hij om de hoek, waar een van de stenen met het lieveheersbeestje is gedecoreerd – als herinnering dat zinloos geweld in onze maatschappij nooit ver weg is - richting het doel van de tegenstander. 'Ja, ja! Scoren.' Zijn aanmoedigingen vallen meer mensen op. 'Hij heeft er zin in,' zegt een passerende trainer van een ander team van Pancratius. De enthousiasteling lijkt wel weggelopen uit de SIRE-campagne 'Laat maandag tot en met vrijdag op zaterdag thuis'. Daarin gaat een doordeweeks op het werk gefrustreerde moeder helemaal uit haar dak tijdens de sportwedstrijd van haar dochter in het weekend. Maar niets is minder waar. SIRE hoeft geen moeite te doen hem te scouten voor de volgende campagne. De man is fel, maar niet heetgebakerd. Hij moedigt zijn ploeg vol enthousiasme aan, het schouwspel is een belevenis op zich. De ouders die hem met een schuin oog in de gaten houden, kunnen gerust hun ogen richten op de leuke pot voetbal van hun kinderen. Er is niets aan de hand. Dat zijn ze bij Pancratius wel gewend, de twee seizoenen geleden genomen maatregelen sorteren kennelijk effect.

Toen startte de Badhoevedorpse vereniging de ludieke actie 'Van de kaart kaart'. Het idee achter de kaart is als volgt: jeugdspelers van zowel Pancratius als het uitspelende team geven hun ouders voor het begin van de wedstrijd een geelrode kaart. 'Daar gaat dan direct al een preventieve werking van uit,' legt jeugdvoorzitter Janine Kaspers uit. Als een ouder tijdens de wedstrijd toch uit zijn dak gaat, krijgt diegene de kaart voorgehouden door andere ouders. Even dimmen. 'Samen houden we het fijn langs de lijn' staat achterop het karton. 'Het begon als een lolletje,' vertelt Kaspers, maar de kaart miste zijn uitwerking niet. De sfeer langs de lijnen was voor de introductie van de kaart al goed, maar de kaart benadrukte op even vlijmscherpe als komische wijze dat gedrag toch altijd een punt van aandacht blijft.

Ook binnen de lijnen. De wedstrijd tussen de blonde jochies lijkt soms wel een duel tussen twee doorgewinterde profteams. Als een Pancratius-speler met de bal aan de voet er vandoor gaat, snijdt een AFC'er hem doelbewust de pas af. De dribbelaar gaat tegen de grond. Een zogenaamde 'professionele overtreding'. De boosdoener loopt schuldbewust weg met zijn handen in de lucht alsof hij Nigel de Jong is die weer eens een tegenstander heeft neergehaald. Maar de trainer van AFC kan de actie van zijn pupil niet waarderen. 'Niet doen Milos.' Ook de trainer van het ploegje van Pancratius eist discipline van zijn 7- en 8-jarigen. 'Yassine, aan welke kant sta je nou te dekken,' roept hij het jochie toe, nadat AFC een doelpunt heeft gescoord. De fanatieke aanmoedigingen lijken de spelertjes allerminst te deren. Ze voetballen vrolijk verder en leggen bij tijd en wijle gezien hun leeftijd een prima positiespel op de mat.

De fanatiekeling die luid het team van zijn zoon aanmoedigde, is intussen zijn fanatisme verloren. In de tweede helft heeft hij een plekje tussen de andere ouders. Zijn stem schalt niet meer over het veld en de stappen die hij zet, zijn nu op enkele stoeptegels te tellen. Even lijkt zijn drift overgeslagen naar een andere vader, die zich druk maakt over een fluitsignaal van de fluitende B-junior Martijn Groot. 'Hé,' klinkt het luid als de scheids affluit terwijl Pancratius in de aanval is. Direct reageert een aantal andere ouders. Er ligt een mannetje in het veld met pijn. Ze wijzen de vader op de blessure. Het is pais en vree langs de lijn in Badhoevedorp. Nu hebben ze er naar eigen zeggen ook niet zo vaak te maken met agressie van ouders.

Al heeft dat niet volgens iedereen met de 'Van de kaart kaart' te maken.

Langs het veld van de E'tjes loopt de 18-jarige Pepijn Helgering. Hij draagt een rode jas met twee badges van de 'Van de kaart kaart'. Ook een badge van 'Zonder respect geen voetbal' is duidelijk te zien. Helgering is scheidsrechterscoördinator en komt even kijken hoe het Martijn afgaat. Niks aan de hand. Af en toe roept André Groot, de vader van de scheids, 'Martijn, scherp hè', maar over het algemeen doet hij het goed. Martijn is een van de meer dan twintig jeugdspelers bij Pancratius die een scheidsrechtersopleiding volgden om de kleintjes te fluiten. Daar krijgen ze dan wel een vergoeding voor, maar het aantal vrijwillige leidsmannen is hoog, vindt Helgering. 'Wij zijn een van de clubs die het meeste aandacht aan scheidsrechters besteedt.' Helgering vindt de 'Van de kaart kaart' een leuke actie, maar was niet zonder meer nodig naar zijn mening. 'Daarvoor ging het ook al goed. Er is maar een weekend wat met de kaart gedaan. Ik weet ook niet of die effect heeft gehad. Hij leverde leuke publiciteit op, dat wel.'

Het goed begeleiden van scheidsrechters is kennelijk belangrijk om een goede orde en sfeer op het veld te creëren. Het niet hebben van goede scheidsrechters zorgt voor irritatie bij de spelers en is mogelijk een factor in het geweld. Is dat ook bij de jeugd al zo? Dat zal bij de E'tjes wel meevallen, maar naarmate de jeugd mondiger wordt, neemt ook het kritischer worden ten opzichte van de scheidsrechter toe. Bij Pancratius lijkt het er in elk geval op dat alleen al het signaal dat de club het in goede banen leiden van een wedstrijd belangrijk vindt, bijdraagt aan een goede sfeer.

In de bestuurskamer ligt een stapeltje 'Van de kaart kaarten'. Ze zijn onaangeroerd. De kartonnetjes worden ook niet meer uitgedeeld, vertelt Kaspers. 'Het klopt dat het een beetje versloft is. Dat komt ook omdat het, voor zover we weten, goed gaat. Ik denk dat de kaart in totaal vier keer door een ouder is gebruikt. Misschien is het ook wel een kwestie van die kaart durven tonen.' De laatste jaren is slechts een keer een ouder uit z'n dak gegaan. Dat ging om een vader die vlak voor zijn uitbarsting zijn vrouw had verloren, vertelt Kaspers. Een vervelend privéprobleem. Na een goed gesprek is het niet meer fout gegaan met de man. De kaart moet dan ook met een knipoog worden gezien. Het gaat om de symboliek. Echte problemen lost die niet op. Kaspers: 'Als iemand echt boos is, is diegene slecht voor rede vatbaar. In het begin maakten we nog een grapje. Als je te ver gaat, krijg je het Door het lint lintje.' Dat lolletje is bij een lolletje gebleven. Toch is de symbolische actie alom aanwezig. Wie door het clubhuis rondloopt, wordt overal op de kaart gewezen. Loop je naar de toiletten, dan lees je op een poster 'Zeiken doe je hier'. Wie een biertje bestelt, kijkt tegen een poster aan met de tekst 'Biertje fijn. Maar hou het leuk langs de lijn'.

Omdat de 'Van de kaart kaart' inmiddels niet meer uit de broekzakken komt, deelt de jeugdcommissie nu een flyer uit met de huisregels. Afgekeken van een andere vereniging, zegt Kaspers eerlijk. Daar staan basale gedragsregels op als correct gedrag, beslissingen accepteren, niet discrimineren of schelden en de kleedkamer schoon achterlaten. Wellicht een effectiever instrument, denkt Kaspers. 'Omdat er ook het kleedkamernummer en de veldindeling op staan, pakken mensen die er vaker bij.'

Intussen is het in de bestuurskamer in Badhoevedorp op het midden van de zaterdagochtend een komen en gaan van mensen. Er worden ballen ingeleverd, sleutels weggegeven, limonade uitgeschonken en er komen vooral veel mensen even buurten. Menigeen neemt plaats op een van de stoelen, waar Kaspers en collega-bestuursdienstmoeder Inge Beijers, geen moment aan toekomen. Het is de zoete inval. Een trainer meldt dat zijn ploeg 9-0 heeft gewonnen. De dames van de jeugdcommissie nemen het bericht voor kennisgeving aan. Ze weten waarom. 'Als iemand hier binnenkomt, wil die altijd even kletsen.' Noem het maar de vrouwelijke invloeden. Als er iets niet goed gaat bij een team, willen ze dat kwijt. Daar is Kaspers na zes jaar bij de club en twee jaar in de bestuurskamer wel achter. De vrouwen creëren een informele sfeer en iemand die op zoek is naar een luisterend oor vindt die misschien eerder bij het tweetal dan elders. 'Dat is in elk geval de sfeer die we willen uitdragen. Wij vrouwen zijn minder competitief, we hoeven niet zo nodig te winnen. We willen uitdragen dat het gaat om plezier. Daarom vragen we eerder: "Hoe was het?" dan: "Heb je gewonnen?".'

Of al de maatregelen van invloed zijn op deze vlekkeloos verlopen zaterdagochtend is de vraag. Maar het lijkt er wel op dat de aanpak van Pancratius met de kaart, opgeleide scheidsrechters, corrigerende ouders, trainers en scheidsrechters, een bestuur dat initiatieven aanpast en competitieremmende moeders, van invloed is op de sfeer in Badhoevedorp. Of die overal zo goed is, of zoveel beter dan vóór december 2012, is nog maar de vraag. Helemaal als in de tweede helft van vorig seizoen blijkt dat Buitenboys nogal wat kritiek te verduren krijgt. De club laat het logo van 'Zonder respect geen voetbal' op de shirts drukken, geeft alle spelers een aanvoerdersband met die tekst, maar laat zich ook afkeurend uit over betaald voetballer Jeremain Lens, die tegenstander Mathijsen bij de keel grijpt. 'Jeremain Lens kom jij het onze jeugdspelers uitleggen wat er vanmiddag is gebeurd, na afloop van #FeyPsv' schrijft bestuurslid Rob Mueller op Twitter. Daaraan voegt hij toe: #zonderrespectgeenvoetbal, verwijzend naar de slogan van de KNVB.

Veel twitteraars vinden dat Buitenboys het vergrijp van Lens niet kan vergelijken met wat er met Nieuwenhuizen is gebeurd. Buitenboys moet zich bovendien maar beter bezighouden met de eigen sores. De Almeerse club lijkt het alleen maar een goed idee dat profs die op een dergelijke manier hun boekje te buiten gaan aan jeugdspelers iets vertellen over sportiviteit en respect, zo legt Mueller later uit. 'We werden moraalridders genoemd. Het klinkt misschien arrogant, maar wij hebben het recht dat te twitteren. Wij hebben een voetbalvader verloren. Er was een 12-jarige die een schorsing kreeg van een jaar omdat hij had gescholden tegen de scheids en tegen de cornervlag en een reclamebord had geschopt. Vergelijk dat eens met Lens die drie wedstrijden krijgt. Leg het mij maar uit. Die moet je tot het einde van het seizoen schorsen. Wat moet er gebeuren bij de profs? Ook een dode? Het betaald voetbal is het absolute voorbeeld van het amateurvoetbal. De impact van wat zij doen, is enorm. Kleding, haardracht, gedrag. Daarom had ik die tweet gestuurd. Ik vond het een toptweet.'

Niet veel clubs bewegen zich voor het oog van heel het land. Die hebben al zorgen genoeg over het reilen en zeilen van de eigen vereniging. Enkele kilometers voorbij Badhoevedorp is Olympia Haarlem zo'n club. Die ligt in volksbuurt Schalkwijk, een buurt die volgens Olympiavoorzitter Johan Snoeks de laatste jaren sterk achteruit gegaan is. Bijna alle leden komen uit Schalkwijk en zijn club worstelt enorm met de cultuurverschillen tussen de autochtone bevolking en nieuwe Nederlanders. Die zijn volgens hem totaal niet bekend met het verenigingsleven. Dat een team een leider en trainer nodig heeft, en dat er kantinediensten gedraaid moeten worden. 'Men gaat er maar vanuit dat ze hun kind alleen maar hoeven te brengen.' Zijn ervaring is dat de nieuwe Nederlanders in het veld 'opstandiger' zijn: 'Ze zijn opvliegerig en hebben het idee dat hen snel onrecht wordt aangedaan.'

Anderzijds zegt hij dat veel autochtonen 'een hekel hebben aan Turken en Marokkanen. Er wordt ontzettend veel gescholden tegen hen. Maar dat wordt niet onderkend. Velen hebben geen begrip voor andere culturen. De winst zou zijn als mensen zich meer verplaatsen in de nieuwe Nederlanders, zoals scheidsrechters.' Hij geeft een voorbeeld: 'Als een scheidsrechter zijn vingertje opsteekt en zegt "hier komen" wordt dat door hen beschouwd als een vernedering. Het gevoel van discriminatie wordt dus vaak door scheidsrechters beloond.' De club heeft serieuze plannen om, vanwege de problemen in het veld, bij de senioren maximaal drie nieuwe Nederlanders in een team toe te laten.

Snoeks heeft het gevoel dat de maatschappelijke problematiek bij verenigingen wordt neergelegd. 'Maar dat is niet onze taak. Dat is voetbal aanbieden. Mededelingen zou ik in vijf talen moeten doen, maar dat is tegen mijn principe. Als ik in het Nederlands uitleg dat als er om tien uur wordt gevoetbald zij dus een half uur eerder aanwezig moeten zijn, dan zijn ze er nog om tien uur.' Door de cultuurverschillen heeft Snoeks er weinig vertrouwen in dat de sfeer op de velden verbeterd. 'Het zit heel diep in de maatschappij geworteld. Als wij de cultuurverschillen niet met elkaar oplossen, hebben we een groot probleem.'

Omdat steeds vaker de maatschappelijke problemen op het bordje van de verenigingen terechtkomen, zien steeds meer clubs zich genoodzaakt van normen en waarden een speerpunt te maken. De commissies schieten als paddenstoelen uit de grond. Sommige clubs hebben zelfs een intern tuchtorgaan, waarvoor spelers moeten verschijnen die zich hebben misdragen. In elk geval lijkt het erop dat clubs bij het aannemen van nieuwe leden meer aandacht besteden aan wat voor vlees ze in de kuip halen. Dat doet Nieuw Sloten in elk geval wel. Het drama heeft de club doen beseffen dat dat van groot belang is. Twee spelers van de B1 die betrokken waren bij de vechtpartij met Nieuwenhuizen speelden zonder spelerspas. Dat was toegestaan door de trainer. Of die daarop is aangesproken, wil bestuurslid Wim Snoek niet zeggen. 'Hij was vanaf de oprichting in 2004 bij de club en trainde naar tevredenheid.' Wel zegt Snoek: 'Bij onze vereniging hoort het niet voor te komen. Te gek voor woorden. De passen moeten er zijn, anders wordt er niet gevoetbald.'

Nieuw Sloten heeft zich na het drama met Nieuwenhuizen sterk afgevraagd welk verwijt de vereniging zichzelf kan maken. 'Je verandert je strategie en insteek. Je kijkt meer naar de instroom van nieuwe leden. Past een speler in het team? Wat is zijn ervaring, motivatie? Je kunt zijn oude club nabellen en vragen naar de betalingsmoraal. Daar kijken we nu meer naar. Voorheen lieten we spelers een paar keer meetrainen. Bij de inschrijving gaan we in gesprek met ouders. Hen vertellen we wat we van hen verwachten. Nieuw Sloten is toch een vereniging van en door vrijwilligers.'

Ook Nieuw Sloten is net als Olympia Haarlem een club uit een buurt met veel allochtone bewoners. De club gaat beter toezien op een goede begeleiding van ouders. De verminderde bereidheid van ouders om zich vrijwillig in te zetten voor de vereniging waar hun kinderen actief zijn, is veel clubbesturen een doorn in het oog. De geringe inzet van ouders is niet alleen een grootstedelijk probleem, of een kenmerk van een volkswijk. Ook in het Gelderse Epe bij vv Wissel stond onlangs amper een ouder langs de lijn. Er was geen grensrechter. Dus besloot het bestuur een grensrechtercursus te organiseren. Op een doordeweekse avond legt scheidsrechter Roy Donk aan zeventien ouders alles uit over de vlag, de uitbal en buitenspel. 'De vlag steek je goed zichtbaar in de lucht. Met gestrekte arm en blijven staan.' Jeugdvoorzitter Ferdi Buter kijkt vanachter in de kantine in Epe tevreden toe. Zo'n opkomst had hij niet verwacht. Er staan vaak wel ouders langs de lijn, maar de bereidheid iets te doen laat te wensen over. Vaak is de trainer ook nog leider, grens en verzorger. De dood van Nieuwenhuizen is niet de aanleiding geweest voor de cursus. 'Bij de jeugd hebben we zelden te maken met agressief gedrag.' Toch wil een vader van cursusleider Donk weten hoe de scheidsrechter een clubgrensrechter ziet. 'Ziet die mij als niet-neutraal?' Donk antwoordt bevestigend. 'Omdat clubgrensrechters toch wat meer de clubkleuren, in jullie geval zwart en geel, in hun hart hebben.'

Ongeveer de helft van de aanwezigen heeft weleens gevlagd. Donk vertelt de toehoorders dat bij een inworp beide voeten op de grond moeten staan en dat de bal uit een doeltrap pas buiten de zestien meter mag worden aangeraakt. Zaken waarmee moeder Stephanie Bouwmeester laatst voor het eerst mee te maken kreeg. Ze had nog nooit gevlagd, maar stond bij de C1 van haar dochter ineens langs de lijn. Lastig vond zij het niet. 'Maar de scheidsrechter keek wel even op en iemand van de tegenpartij hoorde dat het mijn eerste keer was en vroeg of hij het moest overnemen. "Dacht het niet," zei ik. Ik wil het leren.' De toeschouwer hield haar functioneren wel de gehele wedstrijd nauwlettend in de gaten. 'Een keer zei hij dat het buitenspel was. Ik zei van niet en legde uit waarom niet. Toen gaf hij me gelijk.' Ze lacht erbij.

Of de inzet van grensrechters met spelregelkennis bijdraagt aan een goede sfeer op de velden in Epe en omgeving, gaan ze snel zien. Bouwmeester staat dit seizoen op toerbeurt met de vlag langs de lijn. Daarmee is het doel van de avond voor Buter bereikt: meer betrokkenheid van ouders bij de club. Al is dat geen garantie dat er niets meer gebeurt, het zorgt er in elk geval voor dat alle lasten niet op de schouders van alleen de bestuursleden terecht komen. Dat is ook het doel van de tijdstraf, die de KNVB dit seizoen heeft ingevoerd in de B-categorie. De (eerste) gele kaart komt niet meer op het wedstrijdformulier, wat een hoop administratie en boetes scheelt voor de verenigingen. Een andere ingevoerde maatregel is de visuele spelerscontrole. Scheidsrechters controleren dit seizoen of de spelers die op de passen en het wedstrijd-formulier staan ook daadwerkelijk de voetballers zijn die op het veld staan. Die controle wordt gefaseerd ingevoerd, te beginnen bij de A-categorie mannen en vrouwen. Later komen ook de jongens, meis-jes en senioren in beide categorieën aan de beurt.

Maar op een zondagmiddag in september in Bloemendaal zorgt die con-trole voor nogal wat onrust. Met nog een stief halfuurtje te gaan voor de aftrap van het eerste van bvc Bloemendaal tegen het Amsterdamse AGB is van de scheidsrechter nog niets te bekennen. In de bestuurskamer kij-ken ze onrustig op het horloge. 'Nou, hij mag nu wel komen. Die passen moeten ook nog worden gecontroleerd.' De visuele controle is voor ie-dereen wennen. De wedstrijdsecretaris van AGB vertelt dat de scheids-rechter van de week ervoor de passen in de kleedkamer had laten liggen. Dan arriveert de arbiter. Pim Golta kent het instrument nog van vroeger, toen de koppies werden langsgegaan in de kleedkamer. Nu zou dat op het veld moeten gebeuren, meent hij. Deze dag geen probleem, maar Golta ziet zichzelf al staan op een regenachtige dag. Na de controle van het di-gitale wedstrijdformulier zoekt hij zijn kleedkamer op. Maar hij vergeet de passen. 'Wel meenemen hè,' lacht de leider van Bloemendaal. 'Nee,' reageert Golta. 'Oh, ja,' herstelt hij zichzelf meteen. Een kleine glimlach. Met de visuele controle wil de KNVB een eerlijker verloop van de wed-strijden en competities stimuleren. De pas is het controlemiddel voor de identiteit van spelers. Het secundaire doel is het terugdringen van nega-tieve randverschijnselen. Maar daarop heeft de pas volgens scheidsrech-ters, verenigingssecretarissen en aanvoerders/leiders amper invloed. Dat is te lezen in het rapport Landelijke evaluatie KNVB spelerspas. Minder dan een op tien respondenten geeft aan dat het aantal molestaties, vechtpartijen en andere zware (fysieke) overtredingen wordt teruggedrongen als gevolg van de invoering van de pas.

Om twee uur precies blijkt dat Bloemendaal en AGB de zaken keurig op orde hebben. 'Knap ben je hier,' grapt Golta tegen een van de Turkse Amsterdammers. 'Daar was ik nog niet getrouwd,' countert de voetballer gevat. De Turken, toch vaak gezegend met een zeer snel oprukkende baardgroei, zien er in het echt hetzelfde uit als op de passen, concludeert Golta. Bij de controle van AGB is niet de aanvoerder van Bloemendaal aanwezig. Dat moet officieel wel. Ook voor het ondertekenen van het digitale wedstrijdformulier zijn het niet de captains die akkoord hebben gegeven. Dat deden de elftalleiders. Als er elk weekend bij duizenden van dit soort controles dergelijke schoonheidsfoutjes worden gemaakt, gaat het middel al snel voorbij aan het doel van de KNVB.

De aanvoerder van AGB loopt wel mee met de controle van de Bloemendalers. Daar is er wel een met een baard. De aanvoerder zelf. De baardgroei is op de foto nog niet te zien, dus Golta kijkt de speler even goed aan. In orde. Al te veel gehannes levert de pascontrole niet op. Na twee keer twee minuten is de controle voorbij en kan de wedstrijd met vier minuten vertraging van start gaan. Maar de vraag is welke problemen het oplevert als wisselspelers later komen en als een wedstrijd in ijzige kou op veld 6 wordt gespeeld met minder toezicht of een scheidsrechter die het minder belangrijk vindt en niet goed oplet.

De wedstrijd tussen Bloemendaal en AGB verloopt constant op het randje van net goed gaan en uit de hand lopen. De irritaties over en weer stapelen zich op met een aantal schandalige overtredingen - gestrekt been, spugen, zware agressie - van AGB'ers tot gevolg. In de dug-out van Bloemendaal stoken ze het vuurtje maar al te graag op. Geen gedrag om trots op te zijn. 'Ze hebben nergens respect voor,' zegt scheidsrechter Golta na afloop. 'Een speler zei: "U ontneemt mij het plezier in het spel." Ik antwoordde: "Nee, voor mij is het prettig."'

Had Golta die wedstrijd bij vv CKC in Rotterdam gefloten, dan waren beide teams er verdomd slecht vanaf gekomen. Die club zet zich in tegen spelverruwing, agressie en (verbaal) geweld. Middels een formulier wil de vereniging een beeld krijgen van de gedragingen van spelers, begeleiders en supporters. De scheidsrechters wordt op het A4'tje gevraagd cijfers te geven over hun gedrag. De resultaten daarvan verwerkt CKC vervolgens in een Fair Play klassement. Het team dat aan het einde van het seizoen bovenaan staat, wint de Fair Play Cup en een etentje of uitje met de ploeg.

'Het leeft enorm onder de spelers,' zegt John van den Berge, voorzitter van de waarden en normencommissie. 'Spelers vragen na de wedstrijd aan de scheidsrechter welk cijfer ze krijgen.' Dat zijn dan vooral de pupillenteams. Ook de veteranen zijn geïnteresseerd in de Fair Play Cup, maar dat geldt minder voor de competitieve teams, zegt Van den Berge. Het klassement maakt onderdeel uit van de Waarden & Normen Radar. Daarin houdt CKC nog vijf zaken per team in de gaten: aantal gele en rode kaarten, aantal boetes, of de contributie betaald is, of het convenant over gedragsregels is ondertekend en het aantal ingevulde formulieren door de scheidsrechters. De score van de zes pijlers wordt per maand bijgehouden en op de site geplaatst. Per factor is een norm bepaald, bijvoorbeeld het aantal vorig seizoen ontvangen gele en rode kaarten, en als de huidige cijfers die norm overschrijden, dan kleurt de radar rood. Gaat het beter dan kleurt de radar groen. Overigens geldt de radar voor de gehele vereniging, alleen de Fair Play Cup wordt per team bijgehouden. Op die manier probeert CKC de normen en waarden van de club te laten doorwerken op het veld. 'Gaat het dan allemaal goed,' werpt Van den Berge zelf op, 'nee, natuurlijk niet. Er valt veel te verbeteren, maar we zijn op de goede weg.'

In Enschede proberen ze op een preventieve manier het geweld voor te zijn. In die stad is een driejarig project opgezet waarbij de gemeente en andere maatschappelijke partijen de clubs bijstaan. In Enschede zijn de 27 voetbalclubs sinds 1976 verenigd in de Federatie Enschedese Voetbalverenigingen (FEV). Samen met de gemeente vouwt die organisatie de komende drie jaar het project 'Vorming, veiligheid en respect' uit, bedoeld om jeugdspelers de nodige bagage mee te geven. Het plan heeft vooral een preventieve werking. Zo zal projectleider Rutger-Jan Bevers langsgaan bij clubs en per leeftijdscategorie een evenement organiseren. Zo zal het bij de F'jes over de ouders gaan, bij de D'tjes over pestgedrag en bij de C'tjes over respect. Met die informatieavonden bereikt Bevers tot de B'tjes per leeftijdscategorie mogelijk meer dan 800 Enschedese jeugdvoetballers. Ook komt er een scheidsrechterscursus voor de oudere jeugd. Zo'n cursus is voor meerdere groepen en over een langere periode een win-winsituatie, vindt Bevers. 'Je creëert nieuw kader, maakt van die jongens rolmodellen voor de F'jes en ze leren zelf beter om te gaan met de scheidsrechter, medespelers en omstanders.' In het gehele project trekken de clubs in de FEV en de gemeente samen op met bedrijven als ROC en GGD.

De dood van Nieuwenhuizen is de aanleiding geweest voor het project. Bevers: 'De clubs hebben in januari met de burgemeester om de tafel gezeten en gezegd dat ze zo'n gebeurtenis in Enschede wilden voorkomen. Elke club gaf input waar ze op dat moment op het gebied van normen en waarden al mee bezig waren. Daar is dit project uitgerold.' De FEV zegt met de invoering van een zwarte lijst in 2002 en handen schudden voor de wedstrijd in 2003 een voorloper te zijn op het gebied van normen en waarden. Aan het begin van dit seizoen zijn bij alle Enschede clubs borden onthuld met zeven respect-regels. Bevers: 'Clubs zijn niet langer alleen geel of blauw, maar willen een gedachte uitdragen.'

Weer een andere preventieve aanpak van het geweld op het veld is te zien in Arnhem, Amsterdam en Waalwijk. Daar bemoeit een externe partij zich met de veiligheid op voetbalclubs. Bureau Halt onderzoekt in september, oktober, en november hoe leden van respectievelijk ESA, SDZ en RWB de sociale en fysieke veiligheid beleven op hun club. Halt is bekend van repressie en preventie van jeugdcriminaliteit. 'Staat ESA er echt zoveel beter voor dan vijf jaar geleden,' opent ESA-voorzitter Jaap Breur de informatieavond. 'Ik ben er een beetje bang voor.' Breur – snor, colbert, bril, overhemd – glimlacht erbij. Vijf jaar terug werden er klappen uitgedeeld in de wedstrijd van de A1 tegen JVC Cuijk. De wedstrijd werd gestaakt en leverde flinke schorsingen op. Het team werd uit de competitie genomen. Een gebeurtenis die bij ESA nogal wat indruk heeft gemaakt. 'ESA is een nette club,' zegt preventiemedewerker Harry van Rheede. 'Maar de vereniging telt nu 1500 leden en we willen onze identiteit niet verliezen.'
Ook wil de club een veilig sportklimaat voor haar leden. Een stuk of dertig volwassenen vullen het clubhuis van ESA tijdens de informatiebijeenkomst. Ze luisteren naar een presentatie van Benno Schutter van Halt. Die laat met enkele foto's – van een hek, een boze jeugdkeeper en kluisjes in een kleedkamer – zien dat veiligheid een breed begrip is. Halt gaat de veiligheid bij die drie clubs meten aan de hand van gesprekken met trainers, jeugdleden, ouders en vrijwilligers. Als de pilot ten einde is, kan ESA beslissen met behulp van de KNVB de bevindingen van Halt

aan te pakken. 'We bekijken in de evaluatie of Halt van toegevoegde waarde is op een veilig sportklimaat,' zegt Marco Groen. Hij is communicatiestrateeg en namens de KNVB betrokken bij het project. 'Als dat zo is, dan kunnen we het project toegankelijk maken voor andere verenigingen. Dat kan bijvoorbeeld een impuls zijn in de scheidsrechtersondersteuning.' Groen zegt dat mensen zich thuis moeten voelen bij hun club. Dat lijkt bij ESA wel het geval. De vereniging beschikt over een mooi clubhuis en lijkt op het eerste oog goed georganiseerd. Waarom begint de pilot bij een club met niet al te veel problemen? Valt er bij probleemclubs niet veel meer winst te boeken? 'Verenigingen die kritisch zijn op het eigen handelen, zijn vaak goed georganiseerd,' zegt Groen. 'Waar het minder gaat, is zelfreflectie minder aan de orde. Voor zo'n pilot heb je medewerking nodig.'

Ook het Amsterdamse SDZ is bij het project betrokken. Op een zondagochtend kijkt Gert van Beek, jeugdvoorzitter bij de D-, E- en F-pupillen, naar een wedstrijd van de C2. SDZ is een club waar ouders in de ICT werken of in de advocatuur, vertelt Van Beek, die zelf jarenlang bij de politie in leidinggevende functies werkzaam is geweest. Mensen met een goed stel hersens. Desalniettemin, zegt hij, is het soms nodig ouders te vertellen dat het niet gepast is heel hard te juichen bij een tiende doelpunt voor een team van SDZ. 'Het keepertje van de tegenstander krijgt dan toch de tiende om zijn oren.' Normen en waarden blijft altijd een punt van aandacht. Teams die op bezoek komen, krijgen een welkomstbrief. Daarin staat onder meer dat de scheidsrechter weleens een fout maakt en dat zijn beslissing ondanks die fout moet worden gerespecteerd. Ook ouders van nieuwe leden krijgen een welkomstboekje met daarin de gang van zaken bij SDZ, zoals de gouden gedragsregels voor sportiviteit. Regel 6 is: Conflicten lossen we onderling op. Dat is makkelijker gezegd dan gedaan, zegt Van Beek. 'Mensen die iemand durven aanspreken, zijn er niet zo veel.'

Daarmee slaat Van Beek de spijker op z'n kop: er gebeuren nog altijd zaken die niet kunnen, maar een oplossing ligt niet altijd voor het oprapen. Dat hebben we gezien bij de rondgang langs de velden. Bestuurders, ouders, trainers, KNVB en externe partijen nemen initiatieven, halen de normen en waarden aan, maar worstelen nog altijd met nieuwe leden of andere culturen. Een gouden maatregel waarmee alle problemen in één keer worden opgelost, lijkt nog niet gevonden. Wat denken de wetenschappers en betrokken clubs: gaat het beter worden met de sfeer op de velden?

'DE VOLGENDE DODE IS EEN KWESTIE VAN TIJD'

Clubs en KNVB spannen zich in om de sfeer rond de velden te verbeteren, maar direct na de dood van Nieuwenhuizen was het fatsoen weer ver te zoeken. Betrokkenen zijn niet al te positief over de toekomst. Gaat het nog goed komen langs de lijnen?

De voetbalbond vond dat alle amateurvoetballers zich in het weekend na de dood van Nieuwenhuizen maar eens moesten bezinnen. Misschien terecht. We maken ons allemaal weleens schuldig aan gedrag dat de sfeer op het veld verpest. Onzin, counterde *De Volkskrant*-journalist Paul Onkenhout. De voetballer van Terrasvogels schreef over het bezinningsweekend van 8 en 9 december: 'In de meer dan duizend voetbalwedstrijden die ik heb gespeeld, heb ik nog nooit een grensrechter of een scheidsrechter aangeraakt en mijn honderden ploeggenoten in al die jaren evenmin. (...) Bonter dan "Jezus man, doe verdomme eens een keer normaal" heb ik het nooit gemaakt. Ik hoop dat ik zo voldoende in de spiegel heb gekeken. Want dat moet namelijk van de KNVB: in de spiegel kijken (...) en met elkaar in gesprek gaan over de smalle grens tussen "hoog opspelende emoties en bruut geweld", zoals de KNVB het deze week onder woorden bracht.'

Onkenhout ergert zich aan de aanname dat opwinding zou leiden tot bruut geweld. De opdracht van de KNVB vindt hij 'een grove belediging voor het overgrote deel van de miljoen leden van de KNVB.' De journalist heeft een punt. Er is natuurlijk maar een enorm klein deel van alle voetballers dat ooit een vinger heeft uitgestoken naar een ander. Maar het is eveneens een feit dat de lijst met incidenten alsmaar langer en langer wordt. Zelfs in de weken na de dood van Nieuwenhuizen ging het weer mis. Beheersing blijkt voor een smaldeel van die 1,2 miljoen leden toch lastig.

Dat het droevig gesteld is met het fatsoen van sommige Nederlanders blijkt daags na de dood van Nieuwenhuizen. Leden van Nieuw Sloten ontvangen bedreigingen via de telefoon en sociale media. Sommige bedreigers vinden dat de leden van Nieuw Sloten hetzelfde moet overkomen als Nieuwenhuizen. Dood. Als bestuurslid Snoek de computer aanzet en de berichten opent, leest hij teksten als: "Iedereen van jullie club moet meemaken wat de grensrechter heeft meegemaakt". 'Het is triest als je ziet wat mensen allemaal spuien,' zegt Snoek. 'Uitschelden is normaal.' Al snel opent hij de berichten niet meer. Over het verschil tussen doodsbedreigingen en 'gewone' bedreigingen, zegt hij: 'Wat zijn doodsbedreigingen? Er is een groot schemergebied.' Hoe laconiek Snoek ook overkomt, de telefoontjes komen in de week na het incident bij hem thuis binnen, vaak 's nachts. Een keer of tien, vijftien. 'Klootzak, moordenaarsclub wordt dan gezegd. Ik laat het van me afglijden. Ik word er bedroefd van, maar ik neem niemand iets kwalijk. Iedereen heeft recht op zijn uitlaatklep. Het blijft een verschrikkelijk incident en sommigen voelen zich genoodzaakt een reactie te geven.'

Pupilletjes durven die dagen niet meer in hun bordeauxrode trainingspak over straat. Zij worden op school aangesproken dat ze lid zijn van de besmeurde vereniging. In december wordt vanwege het slechte weer niet meer gevoetbald. Als in 2013 de bal weer rolt, mailt het bestuur van

Nieuw Sloten andere clubs met het verzoek de jeugdteams van Nieuw Sloten op een warme manier te ontvangen. "Immers, dit team heeft niets te maken met het gewraakte B1-team dat verantwoordelijk was voor het verschrikkelijke voorval bij Buitenboys en het overlijden van Richard Nieuwenhuizen", schrijft het bestuur. Snoek: 'We hebben ook teams met kinderen van zes en zeven jaar. Je weet niet wat de reactie zal zijn, wat voor gevoel er bij mensen leeft. Maar we werden overal positief ontvangen. Na drie weken was alles terug op een normaal niveau.' Dat is het niet altijd op andere velden in Nederland. 'Dat deed me nog het meeste pijn,' zegt Snoek na afloop van het seizoen, 'dat we een weekend niet voetbalden om te praten en dat het geweld weer verder ging. We zullen het nooit leren. Verliezen hoort er ook bij.'

Geluiden gaan in het voorjaar op om de club op te doeken of van naam te veranderen. Maar dat ziet het bestuur niet zitten. 'Als je stopt heeft de hele vereniging gefaald. En wat zal de winst zijn als je de naam verandert?' Sv Nieuw Sloten blijft sv Nieuw Sloten. Al had het bestuur de naam veranderd in FC De Ideale Schoonzonen, buitenstaanders zullen de vereniging altijd blijven zien als de club waarvan leden iemand hebben doodgeschopt.

Ook Buitenboys heeft in de periode na de dood van Nieuwenhuizen nieuwe nare ervaringen op de velden. De club loopt twee keer van het veld, begin februari bij sv Diemen en in april bij DWS. Bij Diemen ergert Buitenboys A1 zich aan het optreden van de scheidsrechter. De begeleiding is bang dat de pubers uit hun slof zullen schieten. Bij DWS raken vier spelers van de D1 geblesseerd door overtredingen. Om mogelijk nieuwe incidenten te voorkomen staken de Buitenboysteams eigenhandig de wedstrijd, is de lezing van het bestuur. De tuchtcommissie van de bond straft beide Buitenboysteams met vijftig euro boete en een punt in mindering. Bij Diemen hebben ze weinig begrip voor het eigenhandig beëindigen van de wedstrijd. 'Zwaar overtrokken,' zegt Hans ter Horst, de voorzitter van Diemen in *Het Parool*. 'De scheidsrechters zijn net zo goed of slecht als de voetballers. Wees blij dat je nog gediplomeerde arbiters hebt. Hoe langer ik erover nadenk, hoe bozer ik word. Het is een bezopen actie. Als dit de tendens wordt, is het een heel slechte zaak.'

Voor Mueller is het klaar als een klontje. Buitenboys heeft geen trek in nog meer oorlog langs de lijn. 'Bij DWS zei een Marokkaanse vader tegen ons: "Jullie hebben niks geleerd van 2 december". Dan ontplof je.' Er is veel te doen om de opdruk 'Zonder respect geen voetbal' die alle leden op de borst van het shirt hebben laten drukken en de 'respect'-aanvoerdersband die spelers dragen. 'We hebben veel narigheid door die band,' vertelt Mueller. 'Als we bij een sliding iemand hebben geraakt, wijzen tegenstanders direct naar die band. Maar we blijven ze dragen. Uit respect voor Richard.'

Hoe ziet de bestuurder van de Almeerse club de sfeer op de velden? Enkele weken voor de dood van Nieuwenhuizen ging het nog mis bij de meisjes in een duel met Buitenveldert. Mueller: 'Toen hebben we het er nog over gehad dat we eens een weekend zonder familie langs de kant moesten gaan spelen. Dan zou het geweld met tachtig procent dalen. De basis wordt gevoed langs de kant, het heeft niks met afkomst te maken. Er is geen sociale controle meer. Als je tegenwoordig ergens iets van zegt, ben je nog een lul ook.' Duidelijk een maatschappelijk probleem, zegt hij in navolging van vele anderen. 'Voetbal is laagdrempelig, er voetballen 1,2 miljoen mensen. Als die allemaal een ouder meenemen, lopen 2,5 miljoen mensen over de velden. Dan gaat er weleens iets mis. En daarom zijn mensen negatief over voetbal. Maar het gebeurt ook op straat, kijk maar naar al die kopschoppers. De asocialen van de straat treffen elkaar bij het voetbal. Voetbal is net zo asociaal als de maatschappij.' Mueller heeft er weinig vertrouwen in dat het beter gaat worden met de sfeer op de velden: 'Nee. Als er in de maatschappij niks verandert, verandert er in het voetbal ook niets. En de maatschappij verandert niet. Die wordt harder, oneerlijker. Het geweld is erger geworden.'

Zo erg zelfs dat de volgende dode een kwestie van tijd lijkt, zeggen socioloog Van Stokkom en antropoloog Verweel. 'Maar dat is een makkelijke exploratieve voorspelling,' zegt Verweel, 'én een aanvaarding dat we niks aan de toekomst kunnen doen. De dood van Nieuwenhuizen was een wake-upcall voor veel clubs. We willen niet meer dat het gebeurt en daarvoor is veel bewustzijn. Maar elke verandering, zelfs in kleine organisaties, is moeilijk.' Van Stokkom is somberder. 'Het is goed mogelijk dat de volgende dode zich aandient. Het blijft maar uit de hand lopen. Zie de terughoudendheid, de zelfcontrole er maar weer in te brengen.' De socioloog denkt dat er een paradoxale situatie is ontstaan. 'Enerzijds zijn we laks, nemen we geen verantwoordelijkheid, gaan we in de tegenaanval en moeten anderen zich niet met ons bemoeien. Anderzijds zijn we verontwaardigd, zijn de normen en waarden afgedreven en vinden we dat er iets moet gebeuren.' Dat 'iets' is niet in een woord te vangen. We zagen al dat clubs en KNVB maatregelen en initiatieven nemen, dat we het imago van de voetbalsport lager inschatten dan de werkelijkheid. Aan de andere kant zijn er nog altijd ouders die geen bijdrage leveren aan het verenigingswerk, is er een scheidsrechterstekort en doen de verschillende culturen weinig moeite om zich aan elkaar aan te passen. Zoals verschillende sociologen aangaven, is er bij partijen die op verscheidene vlakken van elkaar verschillen sprake van wij-zijgevoelens. Door iets te veranderen aan dit wij-zijdenken, wordt direct al iets gedaan aan onderlinge verbondenheid. Denk aan het handen schudden voor de wedstrijd of de spelregelcursus. Wederzijds begrip is van groot belang in een sport waar 1,2 miljoen mensen uit verschillende steden, wijken, sociale klassen, culturen en met uiteenlopende opleidingsniveaus elkaar treffen. De maatschappelijke problemen worden soms meegenomen naar het veld, maar als men niet bereidwillig is zich als bestuurder, leider of trainer in te zetten lijkt het met de toenemende verzamelingen van voetballers in één clubhuis logisch dat de bestuurders de grip op de eigen leden lijken te verliezen.

Die moeten vooral hun hobby niet zo serieus nemen. Clubgrensrechters vlaggen vals om punten te pakken voor hun team. Spelers maken slidings, 'professionele overtredingen' en zijn bereid rood of geel te ontvangen als we daarmee een scoringskans voor de tegenstanders verijdelen. Iedere voetballer heeft in de rust weleens gehoord: "Als we die nummer 9 een schop geven stelt die hele ploeg niets meer voor". De spijkerharde verdediger die de rivaliserende spits 'lachend in tweeën schopt' is in elk team welkom en geliefd.

We hebben onszelf niet meer in de hand en bagatelliseren ons eigen verbale en fysieke geweld met het motto 'voetbal is emotie'. Bedreigingen, bijvoorbeeld bij het nemen van een strafschop zijn schering en inslag. Normen en waarden die gelden in het dagelijkse leven gooien we overboord, zodra we het veld op stappen. De scheidsrechter bedanken nadat we verloren hebben? Ben je gek. Als hij goed had gefloten, hadden we gewoon gewonnen. We doen pas normaal als een ander dat ook doet. Het karma-principe 'wie goed doet, goed ontmoet' gaat binnen de lijnen niet meer op. Voetbal, ons nationale erfgoed, staat bloot aan ontstellende verloedering en we zijn er zelf schuldig aan.

Diverse clubs tonen zich welwillend en besteden veel aandacht aan preventieve maatregelen, maar de echte verandering zal uit een andere hoek moeten komen, zegt socioloog Van Stokkom. 'We moeten leren elkaar aan te spreken. Relaxed, op een goede toon. Op scholen en vrijwilligersinstellingen, zoals sportclubs, moeten cursussen komen. Praktisch, geen protocollen. Voor bestuurders, trainers. Bij clubs moet een tiental personen, bijvoorbeeld als gastheer of steward, een oogje in het zeil houden. Als dat bij Buitenboys-Nieuw Sloten was gebeurd, hadden zij het veld op kunnen komen en had dit misschien voorkomen kunnen worden.'

Voormalig KNVB-bestuurder Bruijnis kijkt nog altijd naar de kracht van het verenigingsleven. Clubs hebben volgens hem op opvoedkundig gebied en qua gezondheid en veiligheid taken van de kerk en het gezin overgenomen. Wat moeten die verenigingen doen? 'De rug recht houden. Er wordt veel gekeken naar andere verenigingen, maar iedereen moet zijn eigen verantwoordelijkheid nemen. Dan maak je stappen vooruit. Geschorste spelers spelen weleens in een ander elftal. Dan moet je als clubbestuur zeggen: "Dat doen we niet".'

Er is geen gouden maatregel die alle ellende oplost. De oplossing ligt bij de spelers op het veld, de actoren zelf. Alleen als iedereen op de voetbalvelden zijn of haar verantwoordelijkheid neemt, elkaar aanspreekt op misdragingen en geen genoegen meer neemt met welke vorm van geweld dan ook, kan er wat aan de oorlog langs de lijn veranderen.

Nawoord

Bij het ter perse gaan van dit boek, was de uitspraak in het hoger beroep nog niet bekend. Het is dus mogelijk dat personen, die in eerste aanleg veroordeeld zijn, alsnog worden of zijn vrijgesproken.

Dankwoord

Een boek schrijven is een simpel idee, maar de uitwerking ervan is een stuk ingewikkelder en lukt ook niet alleen. Ik ben een hoop mensen grote dank verschuldigd.

Maarten en Gerard Kolsloot. Maarten, al voordat het idee van dit boek bestond, gaf jij aan uit te zien naar een boek van mijn hand. Dat stimuleerde enorm. Toen het zover was, gingen we hand in hand vooruit. Als ik het niet meer zag zitten, gaf jij me het nodige zetje om weer verder te gaan. Dat vertrouwen was nodig en fijn. Net als je rake aan- en opmerkingen. Bedankt man! Gerard, jij geeft het boek uit. Bedankt daarvoor!

Rasit Elibol. Abi, je was er vanaf het begin bij en hebt me heel veel werk uit handen genomen. Soms moest ik even wachten, maar je deed het. Dat waardeer ik enorm. Thanks abiii.

Harry ten Asbroek, Harry Lensink en Dick Sintenie. Bedankt voor jullie wijze en realistische raad. Het heeft me op het juiste spoor gezet.

Annemarie Postma. Je kritische meelezen was van grote waarde. Ons werk verloopt niet altijd naar wens, maar we gaan door! Zie jouw productie in Hard Gras. Het wachten is op precies zo'n tekst van jou, maar dan in een boek.

Paul Vugts. Ook jouw hulp en scherpe oog waren goud waard. Bedankt!

Fotograaf Henk Seppen, voor de mooie plaat.

Studio Ron van Roon, voor de opmaak en vlijmscherpe cover. Een eentwee van beeld en tekst.

Floris, Jorien en Fenne. Ik heb genoten bij jullie én hard gewerkt. Danke liebe Freunden, es war ein Erlebnis ;-)

Lynn, Japie vrrrriend. Fijn dat jullie al mijn klaagzangen wilden aanhoren. Papa, mama, Kim. Omdat jullie mijn familie zijn en ik mij altijd door jullie trots en liefde gesteund voel.

Alle geïnterviewden en andere mensen die op de ene of andere manier een bijdrage hebben geleverd aan de totstandkoming van dit boek: ontzettend bedankt voor jullie medewerking.

De incidenten

Hieronder volgt een lijst met incidenten uit het amateurveldvoetbal, van het begin van de vorige eeuw tot aan vorig seizoen, 2012/2013. Gekozen is om enkele voorbeelden van bijna honderd jaar geleden bij te voegen om een beeld te schetsen van die tijd en de bijbehorende verslaggeving. Echter, om aan te kunnen geven hoe het vandaag de dag gesteld is met de sfeer op de velden, is besloten om met name van de laatste twintig jaar de incidenten op te zoeken. Deze lijst is niet volledig. Wel is geprobeerd voor de laatste decennia zo goed als mogelijk volledigheid te geven van gepubliceerde incidenten. Hierbij is gebruikt gemaakt van zoektermen als: geweld, scheidsrechter, voetbal, amateurvoetbal, mishandeld, gemolesteerd, exces, vechtpartij en nog meer. De krantendatabases van Lexis Nexis en de Koninklijke Bibliotheek en de zoekoptie op rechtspraak.nl dienden als bron.

13 Januari 1919 – Het gaat er bij de wedstrijd S.V.V.-Concordia in Schedam ruw aan toe. De *Nieuwe Rotterdamse Courant*: 'Een vriendelijk Schiedamse boer vond het een wijle nuttig om het voetbal om te zetten in vuistbal zonder bal, want voor bal gebruikte hij een eerbiedwaardig Delftsch hoofd, met het gevolg, dat de Concordiaan tegen het vloertje ging en bleef liggen'.

12 Maart 1922 – De *Nieuwe Rotterdamsche Courant* schrijft een dag na twee incidenten: 'Het zou geen voetbal Zondag zijn, die af is, waren er niet enkele relletjes gebeurd. Wij zijn nu eenmaal zoo gewend aan de bloedneuzen, dat wij ons niet meer verwonderen over feiten, zooals die hieronder vermeld worden'.
Twee supporters van R.F.C. lopen uit onvrede over enkele scheidsrech-

terlijke beslissingen het veld in tijdens de wedstrijd tegen Steeds Hooger en slaan de arbiter. Die verlaat bloedend het veld. 'Direct kwam de politie te hulp, doch de sluwe dader had reeds het hazenpad gekozen,' schrijft de *Nieuwe Rotterdamsche Courant*. 'Intusschen gelooft de politie den jongeman te kennen, zoodat deze grappenmakerij hem nog weleens duur te staan kan komen.' Dat valt mee. Het Openbaar Ministerie eist een gevangenisstraf van drie dagen. 'Bekl. zeide zóó opgewonden te zijn geworden, omdat de kansen voor R.F.C. zoo slecht stonden,' valt in *Voorwaarts: sociaal-democratisch dagblad* te lezen.

Ook bij T.O.G.- K.F.C. raken spelers en supporters slaags. De scheidsrechter wordt mishandeld.

2 Januari 1927 – Er vindt een mishandeling plaats tijdens de wedstrijd Go Ahead – Z.A.C.. Speler J. Stenfert van Go Ahead staat terecht, schrijft het *Algemeen Handelsblad* op 31 maart. 'Is het geoorloofd bij voetbalspel te stompen?', vraagt de president van de rechtbank op een gegeven moment aan de verdachte. Op basis van een aantal getuigenverklaringen, waaronder die van de scheidsrechter en toeschouwers, eist de Officier van Justitie 10 gulden boete of 10 dagen hechtenis. 'Het schijnt veel gemoederen in beweging gebracht te hebben. Een mishandeling op het voetbalveld is evengoed een misdrijf als overal elders. Verdachte is niet zoo'n buitengewoon kalm speler.'

28 Januari 1928 – De scheids van een voetbalwedstrijd in Rosmalen laat enkele personen van het veld verwijderen. Als hij na het duel in een café zit, krijgt hij een bierfles in zijn gezicht. Hij kan acht weken niet werken. De verdachte hoort vier maanden gevangenisstraf eisen.

2 April 1928 – De scheids heeft losse tanden en een bloedlip na klappen na de wedstrijd tussen Steeds Moedig Voorwaarts en The Rising Hope. Een van de spelers zou na afloop van de wedstrijd uit kwaadheid en naar eigen zeggen 'omdat de scheids niet deugde', deze hebben mishandeld. Waarom de scheids niet deugde? 'Omdat die niet gezien had dat er tijdens den wedstrijd menschen waren die elkaar opzij drukken enzovoorts, men kent al die voetbal-ergernisjes wel', schreef het *Rotterdams Nieuwsblad*. De rechter: 'Ik heb er zo niet veel verstand van, maar mijn mening is dat de scheidsrechter nooit deugt, wel?' Verdachte moet dertig gulden boete betalen en vijftien dagen de cel in.

20 November 1930 – De burgemeester van Blokzijl verbiedt een wedstrijd. De wedstrijd wordt toch gespeeld, waarna de politie komt en een agent de bal in beslag neemt. Hij wordt omsingeld door spelers, de bal wordt uit zijn handen geslagen en hij wordt mishandeld. Hij wordt ontzet door andere agenten. Een strafrechtelijk onderzoek wordt ingesteld.

1941 – 'Voetbaldrama te Noordwijk' kopt het *Leidsch Dagblad*: de scheidsrechter deelt tijdens de wedstrijd S.J.C.-A.S.C. twee rode kaarten uit en wordt door enkele spelers van S.J.C. opgezocht. 'Dit kwam hem dermate duur te staan dat een aantal S.J.C.-ers hem na afloop in zijn kleedkamer te lijf ging en hem op gevoelige wijze in het gelaat trof.' Ook twee spelers van A.S.C. worden aangevallen.

3 Juni 1944 – Vijf supporters uit Withem en Bocholtz, die een scheidsrechter na een wedstrijd op een eenzame weg hebben opgewacht en zwaar mishandelen, worden veroordeeld tot gevangenisstraffen van een maand.

29 Maart 1955 – Een jeugdscheidsrechter wordt mishandeld in de kleed-kamer na een wedstrijd in Obbicht uit onvrede over zijn beslissingen.

25 Februari 1964 – De scheidsrechter van de wedstrijd Muntendam-Achilles wordt op weg naar huis bij Veendam opgewacht en zodanig mishandeld dat hij wordt opgenomen in het ziekenhuis, De KNVB on-derzoekt de zaak.

10 Februari 1964 – De scheidsrechter wordt in de wedstrijd tussen SCE uit Nijmegen en SDOO uit Heteren door spelers van laatstgenoemde club mishandeld. Hij had een strafschop gegeven aan SCE. Twee spelers worden voor 20 jaar geschorst, een voor 15. De grensrechter mag nooit meer vlaggen, het team wordt uit de competitie gehaald en teruggezet van hoofd- naar eerste klasse.

7 December 1982 – De DZS-trainer wordt door een speler van de tegen-partij in zijn wang gebeten en doet aangifte. Hij was al onderweg naar de kleedkamer toen hij een opmerking maakte over een overtreding van twee Azzurri-spelers. Zij namen dit niet, sprongen over de omheining en sloegen op de trainer in. In het tumult werd hij in zijn wang gebeten. De wedstrijd was 2 minuten voor tijd gestaakt.

27 Oktober 1984 – Twee spelers van Bongo Boys Sittard zijn voor vijf jaar geschorst voor mishandeling van het arbitrale trio in de wedstrijd tegen Achilles Kerkrade. Na een wedstrijd van bedrijven- en zomercompetitie mishandelden ze de arbiters.

21 Januari 1990 – De 48-jarige arbiter bij Zigo 4-Berkdijk 3 loopt een gekneusde kaak op na te zijn belaagd door een speler van Berkdijk. Deze had rood gekregen, greep de scheids bij de keel, werd ontzet en sloeg de leidsman later weer. De man deed aangifte.

11 Maart 1990 – Een 57-jarige arbiter loopt een scheur van 7 centimeter in het gezicht op na een kopstoot van een speler van Flakkee, tijdens het duel met Zuiderster.
Tijdens de wedstrijd tegen FC Torarica gaat een groep spelers van Afrikaander Boys de 43-jarige scheidsrechter te lijf, die licht gewond raakt.

24 November 1992 – Jeugdduel in Limburg tussen Simpelveld en een combinatie van sv Epen en RKVVM ontaardt in een massale vechtpartij. Een Simpelveldspeler schopt een tegenstander die op de grond ligt. De 45-jarige grensrechter van de andere ploeg komt ertussen, krijgt klappen en deelt uit. De tanden van de Simpelveldspeler breken daarbij af. Later krijgt de grensrechter nog meer klappen.

13 November 1994 – Een 25-jarige speler van KHC doet aangifte van discriminatie door de scheidsrechter. Die zou hebben gezegd dat de speler terug moet gaan naar Turkije als hij per se Turks wil praten. De scheids doet op zijn beurt aangifte van mishandeling, de speler zou hem hebben geslagen.

Januari 1995 – De scheidsrechter wordt door een speler van ADS na de wedstrijd tegen DUNO mishandeld in het toilet.

19 Maart 1995 – Een vrouwelijke voetballer van Korvel geeft een tegen-

standster van Taxandria een schop. Ze krijgt de rode kaart en het slachtoffer doet aangifte.

April 1995 – Sprundel-METO wordt na 48 minuten gestaakt bij een 1-0
stand. De grensrechter van METO is door supporters van Sprundel
mishandeld. Eerst krijgt hij van een halve meter een appel in zijn gezicht gegooid en vervolgens een klap in zijn nek waardoor hij een tijdje
bewusteloos op het veld ligt. Hij kan een tijd niet lopen omdat er een
zenuw is geraakt.

De Brug-De Foresters ontaardt in een massale vechtpartij. Citaat uit
rapportage van scheidsrechter: 'Echt iedereen doet mee aan massale
vechtpartij. Als ik rode kaarten moet geven, zijn het er 22.'

APWC uit Amersfoort wordt uit competitie gehaald (door rechtbank)
na de tweede molestatie van een scheidsrechter in korte tijd.

4 Juni 1995 – Een dode op de amateurvelden. Een 56-jarige supporter uit
Hengelo wordt tijdens een horecatoernooi in Deurningen mishandeld.
Hij overlijdt twee weken later aan een scheur in de aorta. Elf personen
uit Den Haag worden opgepakt van wie slechts enkelen voor de rechtbank moeten verschijnen. Drie voetballers van 24, 25 en 29 jaar worden
schuldig bevonden aan dodelijke mishandeling en krijgen tot tweeën-
half jaar cel, waarvan zes maanden voorwaardelijk. Een vierde van 30
jaar krijgt drie maanden cel wegens openlijke geweldpleging.

Oktober 1995 – Scheidsrechter mishandeld na staken van de wedstrijd
Hulhuizen-Noviomagnum, ook racistische opmerkingen aan zijn adres
na goedkeuren doelpunt.

Maart 1996 – Speler VV Gouderak zwaar mishandeld door tegenstander van SVLV. Onder meer kaak gebroken.

Mei 1996 – Speler EVC met dubbele jukbeenbreuk ziekenhuis in geschopt door speler Lindenholt.

Mei 1996 – Scheidsrechter uit Veghel mishandeld door 18-jarige man uit Dongen tijdens wedstrijd OJC A1-Dongen A1. Klappen en trappen.

Juni 1996 – Scheids bewusteloos geslagen en hechtingen in gezicht na klappen speler Meubelhuis tegen DSV'71.

November 1996 – Een 29-jarige man uit Utrecht tijdens een voetbalwedstrijd door zeker tien man mishandeld en daarna door zijn bovenbeen geschoten tijdens wedstrijd Stichtse Boys 2-Celeritudo 2. Was afrekening na 'akkefietje' vrijdagavond in de stad.

November 1996 – FC Ewab uit competitie gehaald na wangedrag spelers dan wel supporters. Onder anderen rapporteur KNVB mishandeld tijdens gestaakt duel tegen Menos.

Februari 1997 – Scheidsrechter mishandeld door spelers van ZPR 3 tijdens de wedstrijd tegen Vrederust 3.

16 Februari 1997 – De wedstrijden RKTSV-Schuttersveld, KVC-Helden, Stadbroek-SVE en Schimmert-SVM maken de negentig minuten niet vol. In totaal worden zeven wedstrijden in het amateurvoetbal vanwege verbaal geweld gestaakt.

Maart 1997 – Ouders van D-pupillen van SCH bedreigen en mishandelen spelertjes van Die Haghe tijdens een vriendschappelijk duel. Een vader met mes gaat achter de leider van Die Haghe aan.

Maart 1997 – Een 16-jarige speler TSC wordt mishandeld na de wedstrijd tegen Dosko. Hij wordt klemgereden door een auto waaruit vier jongens springen en hem mishandelen.

5 April 1997 – Twee jeugdleden van Quick 1888 schoppen een Arnhemmer tijdens het duel met Vitesse 1892. Die loopt een dubbele kaakfractuur op. Quick schorst de leden. Samen met twee anderen krijgen zij proces-verbaal wegens openlijke geweldpleging en openbare mishandeling.

26 April 1997 – Aanhangers van WHC zouden na afloop van de met 1-0 gewonnen wedstrijd tegen Nunspeet in de kantine met bierglazen en barkrukken hebben gegooid. De pogingen de zaak te sussen, lopen op niets uit. Er ontstaat een vechtpartij. Zes mensen, vier mannen en twee vrouwen, doen aangifte van mishandeling. Een 35-jarige man, die een gebroken bierglas in het gezicht krijgt, moet een operatie ondergaan.

Mei 1997 – In het seizoen 1996/1997 zijn 108 scheidsrechters mishandeld. Het werkelijke aantal ligt waarschijnlijk hoger.

Juni 1997 – Een scheidsrechter wordt mishandeld en breekt volgens de politie vermoedelijk zijn neus. Hij is getrapt en geslagen door speler na afloop van wedstrijd Ter Apel-Klazienaveen.

November 1997 – De scheids en een speler van het vijfde van TSC zijn het ziekenhuis in geslagen door spelers van SSW 3.

April 1999 – In Tiel wordt de scheidsrechter mishandeld na het geven van een rode kaart, clubs onbekend.

Een scheidsrechter uit Sassenheim moet naar het ziekenhuis nadat een speler zijn keel enige tijd dichtknijpt tijdens het duel Quick Steps-GSC ESDO.

In Nijmegen drie incidenten: grensrechter slaat tijdens de wedstrijd tussen PTT Trajanus en DIOSA een speler met zijn vlaggenstok, met bloedende hoofdwond als gevolg. Een 44-jarige scheidsrechter bij de wedstrijd SV Hatert-Stevo krijgt klappen van een 36-jarige Nijmegenaar na het geven van een gele kaart. Een speler van NDT loopt een gebroken tand en blauw oog op na mishandeling door tegenstander van Noviomagum.

Een scheids wordt mishandeld door enkele spelers tijdens een wedstrijd tussen twee jeugdteams. Een 47-jarige man die te hulp schiet wordt ook mishandeld. Beide mannen gaan naar het ziekenhuis met kneuzingen en hoofdwonden.

Juli 1999 – Het aantal molestaties van scheidsrechters is met 12,8 procent afgenomen. In het seizoen 1997/1998 zijn 329 arbiters mishandeld, 1998/1999 287. Volgens de KNVB komt de daling door maatregelen die zijn ingevoerd in overleg met Centrale Organisatie van Voetbalscheidsrechters (COVS). Lik-op-stuk en zwaardere straffen blijken te helpen.

September 1999 – KNVB heeft na agressie en geweld bij wedstrijden alle elftallen van de Rotterdamse clubs Activitas en Steeds Hooger voor een weekend uitgesloten van wedstrijden. A1 van Activitas en B1 van SH mogen heel seizoen niet meer spelen. Bij Activitas B1 wordt een man van 70 jaar geschopt en geslagen. De man loopt een schedelbasisfractuur op en een beschadigde nekwervel. Bij SH A1 wordt een tegenstander zwaar mishandeld. Gevolg: tijdelijk verlamd en hersenletsel. Ook het eerste van Jai Hind en tweede van RTG (molestatie scheids) worden uit competitie gehaald.

Oktober 1999 – Scheids mishandeld in Nijmegen.

30 Januari 2000 – Twee voetballers, van 20 en 24 jaar oud, schoppen en slaan een 56-jarige scheidsrechter vlak voor het einde van de wedstrijd SV De Jagers-Graaf Willem II/Vac. Het slachtoffer loopt zware kneuzingen op over zijn hele lichaam. Beide worden aangehouden, evenals een derde verdachte. SV De Jagers royeert het drietal.

5 April 2000 – Politie pakt drie jeugdspelers (16, 17, 18 jaar) van TAC/BWB op na vechtpartij tegen Were Di. Een speler en twee begeleiders (coach en grensrechter) van de thuisploeg raken licht gewond. De Tilburgse voetbalvereniging TAC/BWB komt half maart ook al in de publiciteit door een vechtpartij. Tijdens de thuiswedstrijd tegen het Dordrechtse EBOH raken na een incident op het veld ongeveer honderd mensen van beide partijen met elkaar slaags. Toen werden geen arrestaties verricht.

19 Februari 2001 – SC Zuiderpark-Oude Maas: 34-jarige speler Oude Maas mishandeld. Naar ziekenhuis, nadat hij werd neergeslagen en meerdere malen getrapt.

Mei 2002 – Een 45-jarige scheidsrechter gemolesteerd door jeugdvoetballers Bruheze A1 tijdens kampioenswedstrijd tegen ASV'33. Oorzaak: rode kaart.

Mei 2003 – Beslissingswedstrijd kampioenschap vierde klasse E tussen HVV Helmond en Merefeldia uit Neerweert ontaardt in complete veldslag. Na twee afgekeurde doelpunten en de vijfde rode kaart voor HVV slaan de stoppen door: publiek komt op veld, scheidsrechter en grensrechter gemolesteerd. Enkele tientallen politieagenten zijn nodig om de gemoederen te bedaren.

September 2003 – Een 48-jarige Eindhovense grensrechter wordt in Eindhoven mishandeld na een wedstrijd tussen de jeugd van Veloc en RKDVC uit Drunen. Drie mensen worden aangehouden.

Mei 2004 – Voetbalclub Zeelandia Middelburg weigert te spelen tegen Berkdijk uit Kaatsheuvel. De spelers van Zeelandia voelden zich in een eerder duel bedreigd door de spelers van Berkdijk.

September 2004 – De wedstrijd tussen Wilhelmina uit Den Bosch en Berkdijk uit Kaatsheuvel wordt gestaakt. Als reden geeft de arbiter onbehoorlijk gedrag van Berkdijk op.

November 2004 – In Oss stoppen vier van de twaalf scheidsrechter van de Osse zaalvoetbalcompetitie, nadat een van hen in een wedstrijd klappen krijgt.

Februari 2005 – Speler van 22 jaar van Triborgh uit Tilburg krijgt maand gevangenisstraf voor mishandeling van een speler van Terneuzen, in oktober 2004. Een andere speler van Terneuzen slaat terug. Hij krijgt dertig uur werkstraf opgelegd. De afgelopen jaren werden in Brabant onder meer teams van GFC'93 (Tilburg), Helmond en BSC (Roosendaal) uit de competitie genomen.

22 Maart 2005 – NEC A1- Eindhoven A1: de scheidsrechter na wedstrijd geschopt door supporter NEC en daarna door diens zoon, een speler van NEC.

Seizoen 2005/2006 – Complete verenigingen en teams kunnen volgens het lik-op-stukbeleid door de KNVB uit de competitie genomen worden op het moment dat zij 'een ordentelijk verloop van de competitie belemmeren'.

9 April 2006 – Een 20-jarige speler van ZTS slaat tijdens de wedstrijd tegen AFC'34 in de vijfde klasse de scheidsrechter met een moersleutel in de rug. ZTS stond toen met 3-0 achter en had al acht gele en twee rode kaarten ontvangen. De speler was in de rust gewisseld.

2 December 2006 – Tijdens de wedstrijd tussen Zinkwegse Boys en Bolnes krijgt een 33-jarige man een kopstoot en een trap tegen zijn hoofd van een speler van de tegenpartij, die wordt aangehouden. De schedel van het slachtoffer is op meerdere plaatsen gebroken en gescheurd. Ook zijn neus en beide oogkassen zijn gebroken. De 27-jarige dader krijgt drie jaar cel, waarvan een voorwaardelijk, en moet het slachtoffer 7500 euro vergoeden.

2008 – De scheidsrechter wordt tijdens het duel KVV Losser-Sportclub Overdinkel op zijn hoofd geslagen, raakt bewusteloos en wordt liggend op de grond nog meermaals geraakt. Hij loopt een lichte hersenschudding op. De voetballer van Overdinkel wordt door de KNVB voor vier jaar geschorst.

Maart 2008 – Voetballer van Eilermark 6 uit Glanerbrug veroordeeld tot werkstraf van 80 uur voor flying kick op de knie van een tegenstander van KVV Losser 9, die ernstig gewond raakt en misschien nooit meer kan voetballen.

November 2008 – Scheidsrechter gemolesteerd tijdens SVO-CHRC. Speler slaat hem bewusteloos en daarna nog een paar keer met vuist. Hersenschudding.

December 2008 – De trainer van het Amsterdamse Sporting Maroc deelt een kopstoot uit aan de scheidsrechter, die een hersenschudding en gebroken neus oploopt. Maroc krijgt 4 punten in mindering, 200 euro boete en een voorwaardelijke straf van een jaar. De trainer wordt voor vijf jaar geschorst. Een half jaar later gaat het weer fout, nu tegen Zeeburgia. De KNVB acht Maroc schuldig aan collectief wangedrag jegens de scheidsrechter. De voorwaardelijke straf treedt in werking, Maroc moet uit de competitie, maar dat wordt wegens een vormfout teruggedraaid.

14 Maart 2009 – De wedstrijd tussen de Haagse voetbalclubs TAC'80 en Celeritas loopt uit op een vechtpartij. Twee spelers van Celeritas raken gewond en moeten in een ziekenhuis worden behandeld.

Seizoen 2008/2009 – 228 molestaties.

7 November 2009 – Een voetballer van FC Vlotbrug is mishandeld tijdens een duel met en in Simonshaven. Een 28-jarige man uit Spijkenisse uit het team van Simonshaven is aangehouden op verdenking van zware mishandeling. De voetballer van FC Vlotbrug is meerdere malen in het gezicht geschopt en moest in het ziekenhuis aan zijn verwondingen worden behandeld.

September 2010 – Tijdens de wedstrijd tussen VVA/Spartaan en Geinburgia schopt een speler van VVA/Spartaan de scheidsrechter na afloop van het duel hard in zijn kruis.

4 September 2010 – Een 18-jarige voetballer steekt 25-jarige scheidsrechter in de schouder tijdens een wedstrijd in een asielzoekerscentrum in Friesland.

December 2010 – De KNVB maakt bekend dat in het seizoen 2009/2010 241 molestaties waren, dertien meer dan het jaar ervoor. 2.719 duels worden gestaakt. De 6.000 arbiters deelden 19.030 rode en 198.929 gele kaarten uit. Waarschijnlijk liggen de cijfers veel hoger. Ruud Bruijnis, directeur amateurvoetbal, wil dat de molestaties over vijf jaar zijn gehalveerd.

26 Maart 2011 – Bij een wedstrijd van de lagere seniorenelftallen van Trekvogels krijgt de scheidsrechter een kopstoot van een speler van de tegenstander na het geven van een gele kaart en een strafschop. De arbiter heeft wekenlang last van hoofd en neus. De betrokken speler krijgt een schorsing van 17 maanden.

22 April 2011 – De regering presenteert een nota tegen wangedrag. Voor het plan, dat naar de Tweede Kamer is gestuurd, moet tot 2016 zeven miljoen beschikbaar worden gesteld. Bij strafrechtelijke vervolging na geweld tegen de scheidsrechter zal het Openbaar Ministerie een strafeis hanteren die vergelijkbaar is bij geweld tegen politieagenten of andere ambtsdragers.

Het omgaan met lastig gedrag en het handhaven van grenzen wordt opgenomen in de opleiding van trainers. Scheidsrechters en officials krijgen weerbaarheidstraining. Strafbepalingen, registratie en uitsluitingen worden aangescherpt. In het betaald voetbal moeten voor de wedstrijden 'pre match-briefings' worden gehouden waarbij wedstrijdleiding, aanvoerders en coaches met elkaar kennis maken en afspreken wat er niet op het veld wordt getolereerd.

Mei 2011 – De KNVB stelt de Taskforce effectieve aanpak excessen aan, nadat is geconstateerd dat het aantal mishandelingen en bedreigingen niet afnam.

De algemene vergadering amateurvoetbal stemt in met het voorstel om zwaarder en sneller te straffen van seizoen 2011/2012.

Seizoen 2010/2011 – In het seizoen zijn 1040 gemelde excessen.

Seizoen 2011/2012 – De KNVB straft harder. De bond neemt teams die zich schuldig maken aan een collectieve vechtpartij sneller uit de competitie en verhoogt de straffen voor individuele daders.

2 September 2011 – De KNVB deelt zware straffen uit. Een lid van de Rotterdamse vereniging Steeds Hoger, die als toeschouwer een assistent-

scheidsrechter in het gezicht sloeg, wordt zijn lidmaatschap van de KNVB afgenomen. Een speler van het Amsterdamse Voorland, die ook de arbiter sloeg, is voor vijf jaar geschorst.

10 September 2011 – Een 19-jarige voetballer van TSC Oosterhout A2 komt na een opstootje van ver aangesprint en geeft een 17-jarige tegenstander van SV Terheijden een trap in de zij. Het slachtoffer loopt een gescheurde milt, klaplong en longkneuzing op. De KNVB legt de dader aanvankelijk een levenslange schorsing op, maar die wordt teruggebracht tot acht wedstrijden. Justitie eist een celstraf van drie maanden, waarvan een voorwaardelijk. De rechter veroordeelt de man tot 240 uur werkstraf en drie maanden voorwaardelijke gevangenisstraf vanwege zijn jonge leeftijd.

1 Januari 2012 – Via een meldpunt bij de KNVB kunnen verenigingen melding doen van geweldsincidenten.

19 Januari 2012 – In de eerste helft van het seizoen 2011/2012 zijn 37 ploegen uit de competitie gehaald. 34 Voetballers zijn voor het leven geschorst, negen spelers voor tien jaar en veertig voor twee tot tien jaar.

April 2012 – Zwart Wit'63-DOS Kampen gestaakt na massale vechtpartij. Speler Zwart Wit in gezicht geschopt, brak daarbij neus, beide oogkassen en kaak op twee plaatsen. Verdachte negentig dagen vast.

16 Augustus 2012 – De KNVB maakt bekend dat het aantal excessen met zestien procent is afgenomen, van 1040 in seizoen 2010/2011 naar 873 in seizoen 2011/2012, dankzij de hardere aanpak waarmee ze in augustus

2011 is begonnen. 74 Voetballers wordt het KNVB-lidmaatschap ontnomen, tweehonderd spelers krijgen een schorsing van twee jaar of langer. De bond neemt 105 elftallen uit de competitie. Vanaf seizoen 2012/2013 kunnen jeugdspelers voor maximaal drie jaar worden geschorst.

30 september 2012 – De competitiewedstrijd in de vierde klasse E tussen de Rotterdamse verenigingen Overmaas en RVV Coal wordt gestaakt na een massale vechtpartij. Beide eerste elftallen worden uit de competitie genomen door de tuchtcommissie van district West 2. Hoger beroep levert niets op.

14 Oktober 2012 – Meerdere spelers van Nieuw Sloten B1 zijn betrokken bij een massale schermutseling tegen FC Almere B2. De trainer van Almere wordt bedreigd. Daarop krijgt Nieuw Sloten B1 van het eigen bestuur een 'gele kaart': bij nog zo'n waarschuwing haalt de club het team zelf uit de competitie.

20 Oktober 2012 – Voetballers van PGS/Vogel krijgen klappen van spelers van tegenstander Haaglandia. Een slachtoffer loopt een verbrijzelde kaakholte en zes breuken op, onder meer in oogkas en jukbeen. De tuchtcommissie van de bond bepaalt dat drie spelers van Haaglandia nooit meer lid mogen worden van een voetbalvereniging.

28 Oktober 2012 – Een speler van Velsen gaat tijdens de wedstrijd tegen Nieuw-West in de derde klasse door het lint tegen de scheidsrechter. Die voelt zich bedreigd en gemolesteerd en staakt de wedstrijd. De speler wordt voor vier jaar geschorst.

11 November 2012 – Een supporter van het Rotterdamse Kocatepe slaat een 72-jarige supporter van Neptunus-Schiebroek neer. Hij windt zich op omdat de man een broodje varkensvlees eet. Kocatepe royeert het lid, de KNVB schorst hem voor twee jaar. Het Turks-Rotterdamse Kocatepe ontvangt daarop vele bedreigingen en beledigingen.

24 November 2012 – Het enige meisje in het B1–team van vv Schaesberg loopt na de wedstrijd de kleedkamer van Sportclub Jekerdal binnen nadat ze zou zijn uitgescholden. Ook haar teamgenoten komen toegesneld en raken slaags met de tegenstander. In de vechtpartij lopen enkelen verwondingen op, waaronder een hersenschudding.

2 December 2012 – Spelers van Nieuw Sloten B1 schoppen en slaan grensrechter Richard Nieuwenhuizen van Buitenboys B3. Nieuwenhuizen gaat naar huis, komt terug om naar een andere wedstrijd te kijken en zakt in elkaar. Hij wordt naar het ziekenhuis vervoerd en raakt in coma. Tijdens de wedstrijd tussen de eerste elftallen van Sporting Martinus en Onze Gezellen gaan een speler van Martinus en de grensrechter van OG met elkaar op de vuist. Beiden worden door de tuchtcommissie van de KNVB hard gestraft. De speler voor drie jaar en de grensrechter voor acht wedstrijden. Beide clubs krijgen punten in mindering.

3 December 2012 – Nieuwenhuizen overlijdt. De doodsoorzaak is een scheur in de halsslagader.

11 December 2012 – Tijdens een oefenwedstrijd in Arnhem geeft een 27-jarige speler van amateurclub MASV een klap aan de 46-jarige scheidsrechter nadat hij zijn tweede gele kaart krijgt. MASV royeert de man.

Februari 2013 – Speler Groen Wit deelt een kopstoot uit aan grensrechter Waspik.

17 Februari 2013 – Spelers en supporters van ZTS bedreigen, slaan en bespugen de scheidsrechter tijdens de derby met Hercules Zaandam. Eerder sloeg de keeper al eens de scheidsrechter, werd twee keer een wedstrijd gestaakt en werd ZTS 1 voorwaardelijk uit de competitie genomen. De KNVB haalt alle zes elftallen van de Turks-Zaanse club uit de competitie omdat het eerder ook al bij andere teams misging.

2 en 3 Maart 2013 – Een speler van Elinkwijk slaat de scheidsrechter. Een B-junior van Hillegom loopt na trappen tegen zijn hoofd een hersenschudding op. Een elftalleider van vv Maasdijk wil een opstootje sussen, maar wordt geschopt met een gezwollen lip, gebroken voortand en nekpijn als gevolg. Een wedstrijd in Brabant tussen BVV'63 en HSC'28 ontaardt in een massale vechtpartij.

17 Maart 2013 – Weer gaat het mis bij Sporting Martinus in een collectieve opstoot bij DCG. Trainer en speler van Martinus krijgen vijf wedstrijden schorsing, een speler van DCG eveneens. Beide clubs krijgen punten in mindering.

24 Maart 2013 – Drie incidenten in Amsterdam: een speler van Geinburgia C1 trapt een tegenstander van Roda'23 C3 in het gezicht. De leider van Roda die komt sussen krijgt een karatetrap tegen de borst en krijgt liggend op de grond nog wat trappen.
Een 14-jarige scheidsrechter krijgt na afloop van de wedstrijd tussen Zuidoost United C1-AS'80 C2 buiten het sportpark een trap tegen zijn

been van een speler van Zuidoost United en diens neef. De club royeert de speler.

De aanvoerder van het eerste elftal van vierdeklasser OSC krijgt rood voor een overtreding en gaat de scheidsrechter te lijf. Hij trekt het shirt van de leidsman kapot en geeft hem een schop. OSC royeert de aanvoerder.

Ook elders gaan het mis. In Zeist schopt een speler van Saestum een 13-jarige tegenstander van Hercules die een dubbele beenbreuk oploopt. In Den Haag mishandelen ouders de scheidsrechter van een wedstrijd tussen E-junioren van Laakkwartier en HMC. Ook gaan de ouders met elkaar op de vuist. En in Utrecht belagen toeschouwers de grensrechter bij een duel tussen twee meisjesteams. In Apeldoorn worden twee spelers van 16 en 17 jaar gearresteerd na een vechtpartij. Daarbij raakte een speler van 19 jaar gewond.

1 April 2013 – Een 29-jarige voetballer van FC Schadewijk Oss trapt een 22-jarige tegenstander van SES Langenboom tegen het hoofd en wordt later aangehouden. Een andere speler bedreigt de scheidsrechter. FC Schadewijk royeert beide spelers.

7 April 2013 – In Amsterdam worden spelers van vijfdeklasser FIT bedreigd en tegen het hoofd geschopt en geslagen door tegenstanders van Seref Spor. De politie verschijnt met wapenstokken en honden. Vijf Seref-spelers worden aangehouden. FIT doet aangifte.

Een 23-jarige grensrechter zou bij een amateurwedstrijd twee spelers van 15 klappen hebben verkocht. De twee spelers van sc Rijnland doen aangifte van mishandeling, net als een vrouw tegen een andere toeschouwer.

24 April 2013 – Wedstrijd vrouwenvoetbal SDC Putten en Zwart Wit'63 gestaakt. Zwart Wit krijgt een boete en twee punten in mindering voor veelvuldig beledigen scheids en tegenstander en ruw spel. SDC voor vroegtijdig beëindigen wedstrijd.

1 mei 2013 – De 20-jarige scheidrechter bij de wedstrijd tussen de vrouwen van NEO-25 en Hilvaria wordt in de rust bedreigd. Zijn bedreiger komt zijn kleedkamer binnen en zou hebben gezegd: 'Je bent de wedstrijd aan het kapot fluiten. Als je zo doorgaat, maak ik jou kapot.' De arbiter legt de wedstrijd stil en doet aangifte.

9 Mei 2013 – Tijdens een jeugdtoernooi krijgt een 15-jarige speler van Buitenboys een schop in zijn gezicht van een 14-jarige speler van vv Tricht.

30 Mei 2013 – In het Groningse Woldendorp loopt een jeugdwedstrijd tussen WEO en vv Meedhuizen uit de hand. Een 18-jarige speler schopt een 17-jarige tegen het hoofd met een zware hersenschudding tot gevolg. Een 16-jarige grijpt een ander bij de keel. Beiden worden opgepakt.

2 Juni 2013 – Het beslissingsduel voor een plek in de topklasse tussen Alphense Boys en Westlandia ontaardt in een massale vechtpartij tussen spelers en supporters. Twee mensen raken gewond, meerdere mensen worden aangehouden. Alphense Boys wordt voor straf teruggezet naar de eerste klasse.
Ook bij een wedstrijd tussen gehandicapte Nederlandse en Belgische voetballers vallen rake klappen.

9 Juni 2013 – Een massale vechtpartij bij het duel ODB-DRGS. Vier rode kaarten.

28 Augustus 2013 – Jeugdspelers van Olympia Haarlem B1 en VVC B1 raken slaags. Ook een vader en een toeschouwer zijn bij de vechtpartij betrokken.

15 September 2013 – De wedstrijd tussen Hedel 3 en BVV 3 loopt uit de hand. Een 21-jarige speler van Hedel zou de 48-jarige grensrechter van BVV hebben belaagd. Die loopt een gezwollen oog op. De politie houdt de speler aan. Ook het publiek bemoeit zich met de schermutseling. Politie moet het terrein op komen om de gemoederen te bedaren.

Bronnenlijst

Kranten

Het Parool

De Telegraaf

Algemeen Dagblad

De Volkskrant

Trouw

NRC Handelsblad

Metro

ANP

The Guardian

Sport Slotervaart

Omroepen/programma's

NOS

RTL

NOS/NTR Nieuwsuur

Tros/Avro Een Vandaag

SBS6 Hart van Nederland

EO Het vijfde uur

Omroep Flevoland

AT5

RTVNH

Websites

kranten.kb.nl

parool.nl

telegraaf.nl

ad.nl

vk.nl

metronieuws.nl

nrc.nl

nos.nl

rtlnieuws.nl

nieuwsuur.nl

eenvandaag.nl

hartvannederland.nl

eo.nl

dewerelddraaitdoor.vara.nl

ooginoog.kro.nl

elsevier.nl

omroepflevoland.nl

at5.nl

rtvnh.nl

knvb.nl

sportknowhowxl.nl

om.nl

rechtspraak.nl

tweedekamer.nl

twitter.com

facebook.com

wikipedia.org

hetamsterdamschevoetbal.nl

Boeken/papers

M. Becker e.a. (red), *Straf. Lexicon van de ethiek* (Assen, Uitgeverij Van Gorcum, 2007).

Has, H.J.B. (2006). *Gele en rode kaarten; een sociaal-wetenschappelijke studie naar gele en rode kaarten in het Nederlandse amateurvoetbal.* Zeist: Koninklijke Nederlandse Voetbal Bond.

Jan Dirk de Jong, *Kapot moeilijk: een etnografisch onderzoek naar delinquent gedrag van 'Marokkaanse' jongeren* (Amsterdam, Uitgeverij Aksant, 2007).

Gedenkboek *DWS 50 jaar, 1907-1957.*

Aart de Kruif, *Typisch testosteron. De grote invloed van een hormoon op het gedrag van mannen en vrouwen* (Hilversum, Uitgeverij Lias, 2012).

C. Miermans, *Voetbal in Nederland: maatschappelijke en sportieve aspecten* (Assen, Uitgeverij Van Gorcum, 1955).

Bas van Stokkom, *Wat een hufter!* (Amsterdam, Uitgeverij Boom, 2010).

Bas van Stokkom, *Religie, criminaliteit en geweld: ambivalente bevindingen.* Tijdschrift voor Religie, Recht en Beleid, 2 (2), 2011.

Bas van Stokkom, *Negatieve beeldvorming over moslims.* Justitiële verkenningen, 33 (1) 2007.

Hans Werdmölder, *Marokkaanse lieverdjes. Crimineel en hinderlijk gedrag onder Marokkaanse jongeren* (Amsterdam, Uitgeverij Balans, 2005).

Rapporten

Erik Hetterscheid. *Onderzoeksrapport Geweld gericht tegen de scheidsrechter.* (Stichting STO[M]P, 2006).

Jo Lucassen, Janine van Kalmthout, Johan Steenbergen, Harold van der Werff, Froukje Smits en Marcia de Jong. *Je gaat het pas zien als je het door hebt... Conclusies en slotbeschouwing* van de monitor *Samen voor Sportiviteit en Respect 2009-2012*. (Mulier Instituut, 2012).

Kerncijfers Amsterdam 2013. Gemeente Amsterdam. Bureau Onderzoek en Statistiek.

KNVB Jaarverslagen

KNVB Actieplan Tegen geweld, voor sportiviteit

David Romijn, Janine van Kalmthout en Marcia de Jong. *Landelijke evaluatie KNVB spelerspas*. In opdracht van KNVB. (W.J.H. Mulier Instituut. 's-Hertogenbosch, februari 2010).

Annet Tiessen-Raaphorst en Koen Breedveld. *Een gele kaart voor de sport. Een quick scan naar wenselijke en onwenselijke praktijken in en rondom de breedtesport.* (Sociaal en Cultureel Planbureau, Den Haag, april 2007).

Annet Tiessen-Raaphorst (SCP), Jo Lucassen (MI), Remko van den Dool (SCP) en Janine van Kalmthout (MI). *Weinig over de schreef. Een onderzoek naar onwenselijk gedrag in de breedtesport.* (Sociaal en Cultureel Planbureau, Den Haag, september 2008).

Harold van der Werff en Janine van Kalmthout. *Minder klappen, meer applaus? Beeldvorming Nederlands publiek rondom voorkomen onwenselijk gedrag in de sport, 2011.* In opdracht van Samen voor Sportiviteit & Respect. (Mulier Instituut, Utrecht, mei 2012).

Sportbonden

KNVB

KNHB

KNKV

KNZB

NBB

Eerder verschenen bij
Kolsloot Publishing

Zo word je president
door Maarten Kolsloot
PRIJS: € 17,95, ISBN 978 90 8184 173 3

Honkbalgoud
door Maarten Kolsloot en Wesley Meijer
PRIJS: € 14,95, ISBN 978 90 8184 170 2

Hollandse Honkbalhelden
door Maarten Kolsloot en Henk Seppen
PRIJS: € 21,90, ISBN 978 90 8184 174 0

Het wordt alleen maar beter
door Catherine Keyl
PRIJS: € 12,50, ISBN 978 90 8184 179 5